现代经济金融理论与方法／前／沿／研／究／丛／书／

高维协方差矩阵相关理论与应用研究

赵　钊／著

中国财经出版传媒集团
经济科学出版社
Economic Science Press

图书在版编目（CIP）数据

高维协方差矩阵相关理论与应用研究/赵钊著．—北京：经济科学出版社，2020.1

（现代经济金融理论与方法前沿研究丛书）

ISBN 978－7－5218－1302－9

Ⅰ.①高…　Ⅱ.①赵…　Ⅲ.①统计数据－经济模型－研究　Ⅳ.①F224.0

中国版本图书馆 CIP 数据核字（2020）第 023330 号

责任编辑：孙丽丽　撖晓宇
责任校对：李　建
责任印制：李　鹏　范　艳

高维协方差矩阵相关理论与应用研究
赵　钊　著
经济科学出版社出版、发行　新华书店经销
社址：北京市海淀区阜成路甲 28 号　邮编：100142
总编部电话：010－88191217　发行部电话：010－88191522
网址：www.esp.com.cn
电子邮箱：esp@esp.com.cn
天猫网店：经济科学出版社旗舰店
网址：http://jjkxcbs.tmall.com
北京季蜂印刷有限公司印装
710×1000　16 开　10.75 印张　170000 字
2020 年 4 月第 1 版　2020 年 4 月第 1 次印刷
ISBN 978－7－5218－1302－9　定价：38.00 元
（图书出现印装问题，本社负责调换。电话：010－88191510）

前 言

近十年来，对诸如股票市场高维数据的研究，尤其是有关高维数据二阶矩估计的理论方法以及基于高维数据二阶矩的预测模型，已成为计量经济学尤其是金融计量经济重要的学术前沿。估计高维数据二阶矩面临的挑战可以从横截面、时间序列及高频数据三个视角进行探讨。从横截面的视角，主要挑战在于横截面的高维度，估计方法包括依赖于结构性外生假定的矩阵稀疏法、因子模型和基于随机矩阵理论的压缩方法。从时间序列的视角，主要考虑条件异方差性，最典型的模型为广义自回归条件异方差（GARCH）模型系列，包括 VEC、BEKK、DCC 模型等。从高频数据的视角，主要考虑微观结构噪声带来的估计偏误，主要的处理方法为已实现核估计和预平均估计。尽管这三个分支的理论都发展快速，但却鲜有文献将三个维度视角下的理论方法有效结合，导致缺乏适用于金融实证中针对高维高频数据的协方差矩阵估计方法。在此背景下，本书系统地对这三个维度的文献进行梳理，研究这三个维度视角下高维协方差矩阵估计的相关理论和应用，并研究如何将其有效结合，以适用于高维高频金融大数据的实证研究。

理论上，本书重点研究的模型包括：高维因子模型、压缩方法、运用因子或压缩方法之一进行估计的 GARCH 模型及其在高频领域的扩展。针对高维因子模型，本书对因子个数和因子模型的估计方法都进行了较为全面的解析，并重点解读了如何利用阈值函数得到协方差矩阵估计量。针对压缩方法，本书则详细阐述了三种常见的线性压缩估计量以及如何利用随机矩阵理论得到非线性可实现压缩估计量。在此基础上，重点研究如何将前述两种方法运用到 GARCH 模型的估计中，以实现高维 GARCH 模型的有效估计和预测，这体现了本书理论和方法的创新。更进一步，本书介绍了 GARCH 模型在高频领域的扩展——HEAVY 模型及 GARCH－Itô 模型，以及如何将因子模型运用于高维 HEAVY 模型及高维 GARCH－Itô 模型，从而得到 Factor－HEAVY 和 Factor－GARCH－Itô 模型。在实证上，本书在深刻理解各协方差矩阵估计方法的基础上，基于美国股市的数据，构建最小方差组合，以及分别考虑 61 个收益预测信号的 Markowitz 组合和 Sorting 组合，并利用不同的方法来估计协方差矩阵，进而配置权重，构建高维金融资产组合。基于此进行预测，其结果是基于 DCC－NL 模型估计的协方差矩阵所构建的 Markowitz 组合具有最高的夏普尔率。无论从文献还是应用的角度看，本书首次基于 DCC－NL 模型估计的协方差矩阵构建高维 Markowitz 组合，并且基于此预测。本书的主要研究内容、研究结论及其创新意义概述如下：

第一，系统地研究了估计高维协方差矩阵的两类重要模型——因子和压缩，及其前沿发展方向。由于本书关注的问题是协方差矩阵的估计，所以，与一般的因子模型综述不同，除了梳理关于因子个数估计、因子模型设定和因子模型估计的方法论文献外，更侧重于解析如何对因子模型的残差协方差矩阵进行阈值假定，最终得到数据协方差矩阵的主成分正交补阈值估计量。另外，首次对压缩方法及其理论基础和背景进行较为详细的综述研究，包括三种线性压缩方法（分别是单位阵压缩、单指数模型压缩和等相关系数压缩）和基于 QuEST 函数的非线性压缩方法。这一综述性研究体现了本书对国际前沿的紧密跟踪和把握。

第二，深入研究了 GARCH 模型估计的前沿理论，在此基础上，将用最大似然法估计高维 GARCH 模型时存在的难题概括为两类，其一是需要多次对高维矩阵求逆，其二是待估参数过多。第一个问题用恩格尔（Engle et al.，2008）提出的复合拟最大似然法可以比较有效地解决；对于第二个问题，现在普遍接受的处理方法是用样本协方差矩阵替代冗余参数的极大似然估计量，但是，这一处理方法不具有一致性，在高维情况下会导致结果无效。

第三，创新性地提出将高维无条件协方差矩阵的估计方法运用到 GARCH 模型的估计中，并介绍了将因子模型思想运用到 DCC 模型估计的 DCC－POET 模型，以及将非线性压缩思想运用到 DCC 模型估计的 DCC－NL 模型。通过 Monte Carlo 模拟实验，验证了非线性压缩方法对估计 DCC 和 BEKK 模型的有效优化，并发现这种优化作用随着横截面维度和时间维度比值的增大而增强，且比线性压缩方法相对应的优化作用更显著。这是本书重要的理论贡献和创新。

第四，对高频数据的微观结构噪声问题及其带来的影响进行研究，并对已实现核估计、预平均估计及其从单维到多维的扩展进行介绍，在此基础上，研究如何结合因子模型或压缩估计，将其从多维扩展至高维。即如何在高频框架下对协方差矩阵的时变性建模，其本质是 GARCH 模型从低频到高频领域的扩展。

第五，系统地搜集整理了现有权威文献认为表现显著的 61 个股市收益预测信号，包括动量、价值增长比、投资、盈利能力、无形资产、波动六类，在此基础上，给出了股市收益信号的因子得分的计算方法。这一工作不仅体现了本书在理论和方法上的价值，而且由于实际中，投资者往往借助多个与未来收益密切相关的指标构建投资组合，我们这一工作对实际投资者也有重要意义。

第六，通过构建美国股市的最小方差组合和基于 61 个收益预测信号的 Markowitz 组合与 Sorting 组合，进一步说明了运用非线性压缩方法估计 GARCH 模型对提高金融资产组合选择效率、降低组合风险、提高组合夏普尔比率的重要作用。据查阅文献，在研究协方差矩阵估计量样本外表现的金融实证中，考虑了最多、最全面的收益预测信号，同时，也将考察的资产维度从以往文献的 200 以下增加至 1000。这充分说明了本书研究结论的稳健性，同时，更进一步体现本书的重要实证价值。

赵　钊

目　录

第 1 章　绪论 …… 1

1.1　研究背景与意义　/　1

1.2　研究思路与结构安排　/　7

1.3　本书的主要创新之处　/　9

第 2 章　基于因子模型估计高维协方差矩阵 …… 11

2.1　基于可观测因子模型估计高维协方差矩阵　/　12

2.2　基于潜因子模型估计高维协方差矩阵　/　14

2.3　基于结构因子模型估计高维协方差矩阵　/　24

2.4　本章总结　/　26

第 3 章　基于压缩方法估计高维协方差矩阵 …… 28

3.1　基于线性压缩法估计高维协方差矩阵　/　29

3.2　基于非线性压缩法估计高维协方差矩阵　/　35

3.3　本章总结　/　39

第 4 章　高维条件协方差矩阵的估计 …… 41

4.1　GARCH 模型　/　41

4.2　GARCH 模型的估计　/　47

4.3　高维 GARCH 模型的估计　/　50

4.4 高维 GARCH 模型估计的 Monte Carlo 模拟 / 53
4.5 本章总结 / 59

第 5 章 基于高频数据估计收益率的波动 ······ 61

5.1 市场微观结构噪声及其影响 / 61
5.2 微观结构噪声的处理方法 / 63
5.3 本章总结 / 67

第 6 章 基于高频数据估计高维协方差矩阵 ······ 68

6.1 考虑交易的非同步性：从单维到多维的扩展 / 69
6.2 基于因子模型估计高频数据的高维协方差矩阵 / 72
6.3 基于压缩方法估计高频数据的高维协方差矩阵 / 76
6.4 本章总结 / 79

第 7 章 基于高频数据预测高维协方差矩阵 ······ 81

7.1 基于高频数据预测日收益的条件协方差矩阵：
HEAVY 模型 / 81
7.2 基于高频数据预测积分协方差矩阵：
Factor - GARCH - Itô 模型 / 87
7.3 本章总结 / 89

第 8 章 实证应用：高维金融资产组合构建 ······ 91

8.1 收益预测信号 / 91
8.2 数据和一些组合构建准则 / 105
8.3 高维金融资产组合的样本外表现 / 108
8.4 本章总结 / 141

第 9 章 研究结论 ······ 144

参考文献 / 147

第1章 绪 论

1.1 研究背景与意义

随着信息技术的发展，高维数据越来越频繁地出现在各个领域。在经济和金融领域，对高维数据的统计分析和实证应用离不开其协方差矩阵或协方差的逆矩阵，如动态条件相关（Dynamic Conditional Correlation，DCC）模型中目标（target）协方差矩阵的设定（Hafner and Reznikova，2012），统计推断（Efron，2010），金融资产组合选择、风险管理（Fan et al.，2008；Jagannathan and Ma，2003），资本资产定价模型检验（Sentana，2009）等。

协方差矩阵的估计和预测对于构建最优投资组合有着决定性意义。一方面，随着交易所交易基金（Exchange Traded Fund，ETF）的繁荣，现代金融的投资对象已从单一资产扩展到多维直至高维资产，如上证180ETF、沪深300ETF、中证500ETF等。而另一方面，由于金融市场交易频繁、变化迅速，我们往往不得不摒弃一段时间以前的数据，只对近期的交易数据进行关注，这就导致了高维小样本问题：当横截面维度（资产个数）接近或超过时间维度（观测值个数）时，传统的协方差矩阵估计和预测方法都会遭遇维数诅咒，即因待估参数太多而无法进行有效估计和预测。

我们知道，当横截面维度相对于时间维度较小时，样本协方差矩阵是未知总体协方差矩阵的有效估计；但当横截面维度超过或者接近时间维度时，样本协方差矩阵将是奇异矩阵或近奇异矩阵，从而不存在逆矩阵，或者即使存在，也是真实总体协方差逆矩阵的有偏估计量。

在构建投资组合或风险管理时，马科维茨（Markowitz，1952）早已证明最优的资产配置（均值—方差有效组合），其权重同时依赖于资产收益的一阶矩和二阶矩，但由于高维资产收益的协方差矩阵很难被有效估计，而样本协方差矩阵除了存在抽样误差大、逆矩阵无效等问题，其不稳定性往往还导致组合产生较高的换手率和交易费用，这使实际的量化投资策略往往仅基于简单的排序分组法，即舍弃二阶矩中包含的信息，而只考虑收益的一阶矩。因无法准确估计协方差矩阵而舍弃马科维茨的均值—方差有效组合，是高维计量理论不完备情况下的无奈之举。近年来，众多学者从不同的视角出发，研究相关方法和理论，旨在解决维数诅咒问题，实现高维协方差矩阵的有效估计。

综合来看，学术界对高维协方差矩阵估计问题的研究从横截面和时间序列两个互补的视角展开。从横截面视角，一般假定数据的协方差矩阵满足某种特定的先验结构，包括矩阵稀疏法和因子模型，其中因子模型假定剔除共同成分后数据的协方差矩阵满足某种稀疏性假定，可以看作是矩阵稀疏法的扩展。在不存在先验结构信息或不施加结构假定的条件下，斯坦（Stein，1986）指出，由于存在系统性样本内过度拟合，为了得到协方差矩阵的有效估计量，应该保留样本协方差矩阵的特征向量，而将特征值向其横截面均值的方向压缩。勒多伊特和佩什（Ledoit and Péché，2011）通过最小化 Frobenius 损失函数，推导出理论的最优非线性压缩公式，勒多伊特和沃尔夫（Ledoit and Wolf，2012，2015）通过马尔琴科和帕斯图尔（Marčenko and Pastur，1967）给出的样本特征值和总体特征值高维渐近的非线性关系，推导出在横截面维度超过时间维度时该非线性压缩估计量的统计实现，即协方差矩阵的非线性压缩（Nolinear shrinkage，NL）估计量。

从时间序列的视角，主要是考虑方差和协方差的动态变化。这一类文献最早可以追溯到恩格尔（Engle，1982）的单变量 ARCH 模型，以及波勒斯列夫（Bollerslev，1986）的 GARCH 模型。由于受到维数诅咒，这一系列模型从单元扩展到多元时遇到诸多挑战。对应于这些挑战，学者们做出了突破性贡献，主要包括：恩格尔和马兹里奇（Engle and Mezrich，1996）提出的盯住波动（volatility targeting）思想；恩格尔（2002）提出的

DCC 模型；派克等（Pakel et al.，2017）提出的复合似然（composite likelihood）估计。将这些方法结合起来能有效解决由协方差矩阵时变性所导致的难题，但前提是高维无条件协方差矩阵能被有效估计。也就是说，只有将横截面和时间序列这两个视角下的相关前沿理论结合起来，才能最好地实现协方差矩阵的估计。

从现有文献来看，也有一些学者尝试将这两种维度视角下的文献结合起来。如张和陈（Zhang and Chan，2009）在正交 GARCH 模型的框架下，运用独立主成分分析构建 factor－DCC 模型；哈夫纳和列兹尼科娃（Hafner and Reznikova，2012）提出通过线性压缩方法减少样本协方差矩阵的估计偏误，并将该估计量运用于 DCC 模型；类似地，刘丽萍等（2015）提出将主成分和门限结合的主成分正交补门限（Principal Orthogonal Complement Thresholding，POET）方法运用到 DCC 模型的估计中，提出了 poetDCC 模型，并通过模拟和实证的投资组合选择说明其明显提高了 DCC 模型的估计和预测效率。但容易发现，在这些研究中，横截面维度的最大值都被限制在 200 以内，且时间维度仍远大于横截面维度，并未真正突破传统统计推断理论的条件限制。据我们所知，能够允许横截面维度大于时间维度，且在横截面维度大于或等于 1000 时仍表现良好的，只有恩格尔等（2019）提出的 DCC－NL 模型，该模型将非线性压缩运用于 DCC 模型的估计。勒多伊特等（2019）将该模型应用于投资组合的横截面异常检验，发现其可将常规的基于 Sorting 组合的检验势翻倍。

除此以外，金融市场高频数据的使用大大增加了同一时间区间内的观测值个数，一定程度上缓解了高维小样本问题，但相应地，也带来了微观结构噪声、交易非同步等问题。针对市场微观结构噪声问题，学者们提出了多种方法改进已实现方差，使其能更好地反映真实的积分方差，如稀疏抽样（Andersen 等，2003）、子抽样（Zhang et al.，2005）、已实现核估计（Barndorff－Nielsen et al.，2008）、预平均已实现方差（Jacod et al.，2009；Podolskij and Vetter，2009；Christensen et al.，2010）、拟最大似然估计（Aït－Sahalia et al.，2010）等。针对交易非同步问题带来的 Epps 效应，典型的处理方法是通过刷新时间（refresh time）将非同步交易数据同步化（Christensen et al.，2010；Barndorff－Nielsen et al.，2011）。

针对高维高频数据协方差矩阵的估计，一些学者（Aït - Sahalia and Xiu，2017；2019）、范等（Fan et al.，2016）、范和金（Fan and Kim，2018）将主成分分析和因子模型扩展至连续时间模型，提出已实现特征值、特征向量及主成分的一致估计量。郑和李（Zheng and Li，2011）和刘等（Liu et al.，2016）则尝试将非线性压缩方法扩展至连续时间模型，其中前者提出时变调整的已实现协方差矩阵估计量，后者则在此基础上给出了基于非线性压缩法估计高频数据高维协方差矩阵的详细过程及其大样本性质。

针对高频数据协方差矩阵的动态建模，谢泼德和谢泼德（2010）首先扩展GARCH模型至基于高频（数据）的波动（High-frEquency-Based VolatilitY，HEAVY）模型，提出通过对收益率的协方差矩阵及已实现协方差矩阵分别施加GARCH结构，构建双方程，而实现日收益条件协方差矩阵的估计和动态预测。谢泼德和许（Sheppard and Xu，2014）通过对因子模型的因子、载荷及特质扰动项分别构建HEAVY模型，将其扩展至Factor - HEAVY模型，一方面通过对因子的波动、条件因子载荷和特质项的波动分别建模，能更有效地模拟和预测各成分的动态结构，避免了对所有资产的协方差施加共同的动态结构所带来的设定性偏误；另一方面，则通过因子模型实现有效降维。金和范（Kim and Fan，2019）提出的Factor - GARCH - Itô模型，该模型考虑连续时间的资产价格，对其建立连续时间的因子模型。不同于Factor - HEAVY模型对因子、载荷及特质扰动项分别构建HEAVY模型，Factor - GARCH - Itô模型通过对共同成分协方差矩阵的特征值构建GARCH模型而实现动态预测。这两类模型都可通过拟最大似然法得到参数的有效估计量，最后实现协方差矩阵的有效估计和预测，且其大样本性质和有限样本性质都已得到证明。除此以外，波勒斯列夫等（2019）还通过假定市场微观结构噪声部分存在因子结构，得到理论上更有效、有限样本更精确的基于高频数据的高维协方差矩阵估计量。

上述分析清晰地显示，高维协方差矩阵相关的理论研究以降维为核心展开，其中稀疏矩阵假定及因子模型通过对协方差矩阵施加结构性假定而实现降维，为最典型的降维方法；而非线性压缩方法则根据样本特征值过于分散，通过向均值方向压缩样本特征值，实现高维协方差矩阵的有效估计，具体的压缩估计量则根据损失函数及反映样本特征值与总体特征值之间渐近分布关系的 Marčenko - Pastur 方程得到。进一步，一方面，考虑到资产收益波动率随时间的变化，学者们将上述降维方法与 GARCH 模型相结合，构建诸如 factor - DCC，poetDCC，DCC - I，DCC - NL 等模型，从而得到高维条件协方差矩阵的有效估计量。另一方面，为充分利用高频交易数据，学者们将包括因子模型、主成分分析、压缩方法等在内的离散时间框架下的降维方法扩展至连续时间模型。在此基础上，文献进一步考虑资产波动率及相关性的动态变化，为高频高维数据的条件协方差矩阵建模，提出 Factor - HEAVY、Factor - GARCH - Itô 等模型。

在此背景下，本书研究高维协方差矩阵估计的基本理论和前沿扩展，且层层递进，从低频数据（离散模型）无条件的协方差矩阵估计深入到考虑时变性的条件协方差矩阵估计，研究如何将前沿的估计高维无条件协方差矩阵的方法运用到条件协方差矩阵的估计中，进一步，从低频数据（离散模型）的高维条件协方差矩阵估计扩展至高频数据（连续时间）的高维条件协方差矩阵估计。在此基础上，本书利用 Monte Carlo 模拟研究压缩（Shrinkage）方法在估计高维 GARCH 模型时所产生的作用。研究表明，DCC - NL 和 BEKK - NL 模型能有效优化 DCC 和 BEKK 模型的估计结果，且优化作用随着横截面维度与时间维度比值的增加而更显著。最后，本书基于所研究的协方差矩阵估计方法，构建高维资产的最小方差组合，以及 Markowitz 组合和 Sorting 组合，以此说明准确估计协方差矩阵对于构建最优资产组合的重要意义，以及在估计协方差矩阵时 DCC - NL 和 BEKK - NL 模型相对其他方法的明显优势。

总的来说，本书是针对现代金融交易数据的高维高频特征提炼出的理论和应用问题。首先是对现有前沿高维协方差矩阵估计和预测理论的文献梳理，并在此基础上进行实质性扩展和创新；其次也将通过实证研究揭示金融市场波动的一般规律，满足金融市场防范系统性风险、实现健康稳定发展的迫切需要。具体地，本书的研究意义表现在：

第一，对高维协方差矩阵估计的前沿理论进行全面、深入的介绍，从高维、时变性、高频三个维度层层递进，进行文献梳理，并对建模思想、估计量、有限样本性质、大样本性质、样本外表现等进行详细介绍，为读者提供全面、具体的理论分析框架。针对金融大数据的高维、高频以及波动群集（volatility clustering）这三个特征，现有文献一般仅考虑三者之一或尝试将三者之二结合起来考虑，但也有少数前沿文献开始尝试三重因素的综合考虑。沿着本书层层递进的思想，读者能更好地理解综合考虑了高维、高频以及时变性三重因素的复杂前沿理论及方法，就意味着本书的综述成果体现出重要的学术价值。

第二，将非线性压缩这一重要的估计方法扩展至时变领域，为准确估计高频数据的高维协方差矩阵提供方法支持，也使非线性压缩估计相关的理论体系更加完善。相对于一般的高维协方差矩阵估计方法（最典型地，如稀疏法、因子模型），非线性压缩估计最突出的优势在于无需任何先验信息或结构性假定，也能得到与样本协方差矩阵旋转等变（rotation-equivariant）的最优估计量，因而更具有一般代表性。而如果存在先验信息，非线性压缩估计则可作用于经过先验信息结构化处理后的数据，从而得到更有效的协方差矩阵估计量。本书重点研究非线性压缩方法及其在时变模型中的应用，其在高维协方差矩阵估计领域有着十分重要的意义。首先，横截面维度的增加使得协方差矩阵的待估参数个数成平方级数增加，现存文献所考察预测模型的横截面维度一般都被限制在 200 以下，非线性压缩估计将所研究的横截面维度增至 1000，实现真正意义的“高维”预测；其次，聚焦于高频数据，相比低频数据，大大缩短了所需样本的时间跨度，极大程度上避免了数据结构的变异和幸存者偏差（survivorship bias）；最后，我们知道，金融资产收益一般在一段时期内表现出急剧波动，而在接下来的一段时间内又相对平静，在利用高频数据的预测模型中考虑这种群集波动效应，使所构建的投资组合有更好的样本外表现。

第三，理论与实证相结合，聚焦我国金融市场，探索股市高维投资组合的构建，揭示股市波动的一般规律。随着金融市场的发展，高维高频的金融大数据特征日益显著，本书利用拟提出的新预测模型，充分挖掘包含在股市金融大数据中的信息，为共同基金、交易所交易基金等实现最优资产组合配置和有效风险管理提供可靠的理论依据和实现工具，为监管部门实现防范、抵御和减轻系统性金融风险提供政策建议，最终促进金融市场的健康稳定发展。

1.2 研究思路与结构安排

本书在系统地研究高维协方差矩阵估计的理论和方法的基础上，解析无条件协方差矩阵和条件协方差矩阵估计相关理论的演进脉络。无条件协方差矩阵的估计主要介绍因子模型和压缩方法，条件协方差矩阵的估计则主要介绍高维情况下 GARCH 模型估计遇到的难题以及相应的解决方案。在此基础上，研究如何将这两种维度视角下的理论有效结合，得到适用于构建高维资产组合的协方差矩阵估计量。最后，将上述协方差矩阵估计理论从离散时间模型扩展至连续时间模型，实现从低频数据到高频数据的扩展应用。实证研究方面，本书首先构建高维最小方差组合。由于最小方差组合的权重只取决于协方差矩阵估计量，因此通过比较组合的样本外方差，最能说明各方法对协方差矩阵的估计效果。考虑到实际的投资组合策略往往并不追求有最小方差，而是希望有最大的夏普尔率，本书还整理了61个权威的收益预测信号，并基于此分别构建高维 Markowitz 组合，通过比较其与 Sorting 组合的夏普尔率大小，说明准确估计协方差矩阵对于构建最优高维资产组合的重要作用。

本书在准确理解因子模型、压缩方法、GARCH 模型和高频数据已实现协方差矩阵的理论基础上，围绕上述理论研究和实证应用，结合 Monte Carlo 模拟，深入地分析上述问题。本书的具体章节安排如下：

第2章中，本书详细地研究如何基于因子模型有效地估计高维协方差矩阵。首先，本书介绍了因子模型的基本表述形式，按照因子是否可观测，因子模型分为可观测因子模型和潜因子模型。可观测因子模型假定因子是已知的，利用 OLS 就能估计出模型。潜因子模型则需要先确定因子个数，再通过主成分分析或极大似然法进行估计。其次，由于我们最终目的在于估计协方差矩阵，所以，最后还需要借助阈值函数对随机成分的协方差中接近于零的值进行处理。此外，本书还重点介绍了结构因子模型以及估计结构因子模型最为重要的投影主成分分析。结构因子模型，将因子载荷假定成各种相关已知信息的函数，以达到充分利用近期各方面信息的目的。

第 3 章中，本书重点研究压缩方法。压缩方法是除了因子模型以外，另一种非常重要且有效的高维协方差矩阵估计方法。其利用样本谱分布和总体谱分布之间的关系，对样本特征值进行修正。本书首先介绍对所有样本特征值给定相同压缩密度的线性压缩方法，包括：单指数压缩、等相关稀疏压缩、单位阵压缩。然后扩展到充分考虑了高阶效应的非线性压缩，并详细介绍如何从理论意义上的最优解，转换成依赖于样本特征值极限分布的理想（oracle）估计量，最后得到渐近性质良好的可实现（bona fide）估计量。

第 4 章中，本书对多元广义自回归条件异方差（GARCH）模型进行研究。首先，本书系统地梳理了由单元 GARCH 模型直接泛化形成的多元模型，以及由单元 GARCH 模型进行非线性组合形成的多元模型，前者主要包括 VEC、BEKK、FLEXM、F – GARCH 和 O – GARCH 模型，后者则包括 CCC 和 DCC 模型；然后，本书详细介绍了普通多元 GARCH 模型最常用的估计方法——拟极大似然估计；接着，本书重点介绍了 DCC – POET 和 DCC – NL，并通过 Monte Carlo 仿真模拟实验，说明了非线性压缩、线性压缩对 DCC 和 BEKK 模型以及非线性压缩对线性压缩方法表现的改善。

第 5 章中，本书对如何基于高频数据估计收益率的波动进行研究，重点考察了市场微观结构噪声的影响。即随着抽样频率的增加，已实现方差不再是积分方差的一致估计量。针对微观结构噪声问题，学者们提出了多种方法改进已实现方差。本书对稀疏抽样、子抽样、已实现核估计、预平均估计等常见的改进方法进行介绍。

第 6 章中，本书将第五章单维的高频数据波动率模型扩展至高维。首先研究如何利用刷新时间法处理非同步交易数据，并相应地将已实现波动的核估计和预平均估计扩展至已实现协方差矩阵的核估计和预平均估计；其次，本书将离散时间的因子模型扩展到连续时间领域，对适用于高频数据的因子模型进行介绍；最后，本书将离散时间的非线性压缩法扩展到连续时间领域，对适用于高频数据的非线性压缩方法进行介绍。

第 7 章中，本书介绍将 GARCH 模型扩展至高频领域的前沿文献，包括对日收益率的条件协方差矩阵和已实现协方差矩阵分别建模的 HEAVY 模型，以及直接对积分协方差矩阵建模的 GARCH – Itô 模型。为实现上述模型高维情况下的有效估计，将因子模型与其结合，形成 Factor - HEAVY 模型和 Factor - GARCH - Itô，从而实现维、高频以及波动群集三重特征的综合考虑。

第 8 章中，本书实证研究高维金融资产组合的构建。首先，本书梳理了现有权威文献中表现显著的 61 个股市收益预测信号；然后，本书基于 NASDAQ 和 NYSE 上市的股票，进行了两组实证研究。第一组实证，基于 7 种不同的协方差矩阵估计方法，构建最小方差组合；第二组实证，基于 61 个收益预测信号，构建了 9 种 Markowitz 组合，与不考虑二阶矩信息的传统 Sorting 组合进行对比分析。这 9 种 Markowitz 组合考虑了 3 种不同的因子得分转换为收益预测信号的方式和 3 种不同的协方差矩阵估计方法，并进行组合。

第 9 章中，我们将归纳本书的主要研究工作，以此总结全书。

1.3　本书的主要创新之处

本书的创新点可以归纳如下：

（1）在方法上，本书对高维协方差矩阵的估计方法进行了系统的综述。首先，从横截面、时间序列及高频数据三个视角，对基础模型及其扩展框架进行了非常清晰的梳理，尤其是模型估计中遇到哪些问题、相应的文献如何针对每个问题提出解决方法。其次，本书明确提出将无条件协方差矩阵的估计方法运用到 GARCH 及 HEAVY 模型的估计中，得到条件协方差矩阵的最优估计量。特别地，本书通过 Monte Carlo 模拟说明将非线性压缩方法运用到 DCC 和 BEKK 模型的估计中，能有效优化估计结果，并发现这种优化作用比线性压缩方法带来的优化作用更显著，且随着横截面维度与时间维度比值的增加而增强。本书的这一研究成果是对恩格尔等（2019）创造性研究工作的深入。最后，本书整理了现有权威文献中表现显著的 61 个收益预测信号，并详细给出了每一个信号因子得分的计算方法。

（2）在实证方面，本书基于 NASDAQ 和 NYSE 上市的股票，进行了两组实证研究。第一组实证基于 7 种不同的协方差矩阵估计方法，构建最小方差组合，得出结论为：在估计样本外协方差矩阵时，将压缩估计方法运用到 DCC 和 BEKK 模型的估计中，可以显著提高估计效率、改善预测表现，这种改善的效果随着横截面维度与时间维度比值的增加而越来越显著，且非线性压缩相比线性压缩的改善效果更为显著。上述结论证实了将压缩方法运用到 GARCH 模型估计中的样本外预测价值，为金融资产的组合构建、风险管理等实际投资活动，提供了理论依据，体现了本书重要的实证价值。

第二组实证基于 61 个收益预测信号，构建 9 种 Markowitz 组合，并与不考虑二阶矩信息的传统 Sorting 组合进行对比分析。这 9 种 Markowitz 组合考虑了 3 种不同的因子得分转换为收益预测信号的方式和 3 种不同的协方差矩阵估计方法，并进行组合。最后得出的主要结论为：如果能有效估计协方差矩阵，则 Markowitz 投资策略一致优于 Sorting 策略；在高维情况下，如果使用非线性压缩方法估计 DCC 或 BEKK 模型，则能得到协方差矩阵的有效估计量，即能有效解决传统 Markowitz 策略遇到的维数诅咒。以上结论充分说明了投资策略应考虑包含在资产收益二阶矩中的信息，以及高维条件下如何有效估计资产收益的二阶矩，这对于选择最优投资策略具有重要的实际意义。更重要的是，据查阅文献，在研究协方差矩阵估计量样本外表现的金融实证中，本书考虑了最多、最全面的收益预测信号，同时，本书也将考察的横截面维度从以往文献的 200 以下增加至 1000。这充分说明本书研究结论的稳健性，同时，进一步体现了本书的重要实证价值。

第2章 基于因子模型估计高维协方差矩阵

估计高维协方差矩阵时，一个常用的假定是目标矩阵是稀疏矩阵，即矩阵非对角元素有多个为零或接近于零，其在投资组合应用中的含义是假定多个资产之间的相关性为零。这一假定避免了对微小元素的估计，从而避免了噪声累积。但我们知道，这一假定在金融中往往并不适用，例如，股票收益会依赖于权益市场的系统风险，房价会受整体经济发展水平的影响，因此，假定个股之间或房价之间的相关性为零是与经济现实相违背的。一个更适合的假定是条件稀疏性假定，即假定除去共同成分以后，个体之间的相关性为零或较弱，这就是基于因子模型估计高维协方差矩阵的动机。

假定共同成分由 K 个共同因子 F_{kt} 组成，资产 i 对因子 k 的风险暴露量为 B_{ik}，进一步，将不同资产的特质收益作为特质扰动项 e_{it} 加入，得到因子模型个体形式的表述为：

$$X_{it} = \sum_{k=1}^{K} B_{ik} F_{kt} + e_{it} \tag{2.1}$$

其中，X_{it} 为资产 i 在时间 t 处的收益，$i=1, 2, \cdots, N$，$t=1, 2, \cdots, T$。将上述模型以向量形式表述，可得：

$$X_t = BF_t + e_t \tag{2.2}$$

其中，$X_t=(X_{1t}, \cdots, X_{Nt})'$，$F_t=(F_{1t}, \cdots, F_{Kt})'$，因子载荷 B 是由 B_{ik} 构成的 $N\times K$ 维矩阵，$e_t=(e_{1t}, \cdots, e_{Nt})'$。

假定共同因子 F_t 与特质扰动项 e_t 不相关，则可得：

$$\boldsymbol{\Sigma} = B\mathrm{Cov}(F_t)B' + \boldsymbol{\Sigma}_e \tag{2.3}$$

其中，$\boldsymbol{\Sigma}$ 为 X_t 的协方差矩阵，$\mathrm{Cov}(F_t)$ 为因子 F_t 的协方差矩阵，$\boldsymbol{\Sigma}_e =$

$(\sigma_{e,ij})_{N\times N}$为 e_t 的协方差矩阵，假定其为稀疏矩阵。

经典的受限因子模型，假定 N 比 T 以更快的速度趋于无穷，同时假定特质扰动项 e_{it}截面独立，即 Σ_e 为对角矩阵。但实际中，除去共同成分后的资产收益仍会表现出较弱的横截面相关性，即 Σ_e 为非对角矩阵，且对角外的元素值较小，这就是运用更为广泛的近似因子模型（Chamberlain and Rothschild，1983）。稀疏矩阵的假定则介于经典受限因子模型和近似因子模型之间。具体地，对矩阵 Σ_e 的稀疏性假定可以表述为：

存在 $a\geqslant 0$，使 $m_{e,N}$有界，或当 $N\to\infty$ 时 $m_{e,N}$以较慢的速度增长，其中 $m_{e,N}$定义为 $m_{e,N}=\begin{cases}\max\limits_{i\leqslant N}\sum\limits_{j=1}^{N}1\{\sigma_{e,ij}\neq 0\}, & 若\ a=0\\ \max\limits_{i\leqslant N}\sum\limits_{j=1}^{N}|\sigma_{e,ij}|^{a}, & 若\ 0<a<1\end{cases}$ （$1\{\cdot\}$ 为示性函数）。

2.1 基于可观测因子模型估计高维协方差矩阵

可观测因子模型假定共同因子是可观测的，由于其与金融现实较为吻合，因此受到广泛关注。最典型的可观测因子模型有：以价值加权的市场收益为单一可观测因子的资本资产定价（CAPM）模型（Sharpe，1964；Lintner，1965），以多个代表企业性质的变量为可观测因子的三因素模型（Fama and French，1993），陈等（Chen et al.，1986）提出的以通胀率、利率等宏观变量为可观测因子的多因素模型。

由于因子已知，只有因子载荷 B 是待估参数，利用最小二乘估计（Ordinary Least Square，OLS）能很容易得到因子载荷的估计量 $\hat{B}=(\hat{B}_1,\ \cdots,\ \hat{B}_N)'$，其中 $\hat{B}_i=\operatorname{argmin}_{B_i}\frac{1}{T}\sum\limits_{t=1}^{T}(X_{it}-B_i'F_t)^2$，由此，可得残差项 $\hat{e}_t=X_t-\hat{B}F_t$，以及残差的样本协方差矩阵：

$$S_e=\frac{1}{T}\sum_{t=1}^{T}\hat{e}_t\hat{e}_t'=(s_{e,ij}) \tag{2.4}$$

值得注意的是，由于假定了 Σ_e 为稀疏矩阵，估计 Σ_e 需要对 S_e 中非对角的元素进行压缩调整，即将非对角元素中小于特定临界值的元素用零代替。定义：

$$\hat{\Sigma}_e = (\hat{\sigma}_{e,ij})_{N\times N},\ \hat{\sigma}_{e,ij} = \begin{cases} s_{e,ij}, & i=j; \\ h(s_{e,ij};\ \omega_{T,ij}), & i\neq j. \end{cases} \tag{2.5}$$

其中，$h(s_{e,ij};\ \omega_{T,ij})$ 为阈值函数，$\omega_{T,ij}$为阈值参数。

范等（2016a）总结了阈值函数$h(s;\ \omega)$需要满足的三个条件：（1）提供压缩，即$|h(s;\ \omega)| \leq |s|$；（2）阈值效应，即对于$|s| \leq \omega$，有$h(s;\ \omega)=0$；（3）限制压缩的程度，即$|h(s;\ \omega)-s| \leq \omega$。常用的阈值函数，包括硬阈值：$h(s;\ \omega)=s\times \mathrm{sgn}(|s|-\omega)_+$，其中$(y)_+=\max\{y,\ 0\}$，$\mathrm{sgn}(\cdot)$为符号函数；软阈值：$h(s;\ \omega)=\mathrm{sgn}(s)\times \mathrm{sgn}(|s|-\omega)_+$；范和李（Fan and Li，2001）提出介于硬阈值和软阈值之间的 SCAD（smoothly clipped absolute deviation）阈值函数，其提供压缩的程度随着$|s|$的增加而减弱：

$$h(s;\ \omega) = \begin{cases} \mathrm{sgn}(|s|-\omega)_+, & |s| \leq 2\omega, \\ \dfrac{(a-1)s-\mathrm{sgn}(s)a\omega}{a-2}, & 2\omega < |s| < a\omega,\ (a>2) \\ s, & |s| > a\omega. \end{cases} \tag{2.6}$$

张（2010）提出极大极小凹惩罚（Minimax Concave Penalty，MCP）阈值函数：

$$h(s;\ \omega) = \begin{cases} (a/(a-1))\mathrm{sgn}(|s|-\omega)_+, & |s| \leq a\omega, \\ s, & |s| > a\omega. \end{cases} \quad (a>1) \tag{2.7}$$

考虑到缩放尺度的影响，一般假定阈值参数 ω 为 $\omega_{T,ij}$，且 $\omega_{T,ij}=\sqrt{s_{e,ii}s_{e,jj}}\omega_T$，其中 $\omega_T = CK\sqrt{\dfrac{\log N}{T}}$，$C>0$。

为了保证 $\hat{\Sigma}_e$ 的有限样本正定性，常数 C 的取值不能过小，即 $C>C_{\min}$，$C_{\min}$正好使 $\hat{\Sigma}_e$ 的最小特征值为零。同时，常数 C 的取值不能过大，否则 $\hat{\Sigma}_e$ 将退化成对角矩阵。因此，$C_{\min}<C<C_{\max}$，其中 $C_{\max}$足够大而使得样本协方差矩阵 S_e 被压缩为对角矩阵。

这样，最终得到 X_t 的协方差矩阵 Σ 的估计量：

$$\hat{\Sigma} = \hat{B}\,\widehat{\mathrm{Cov}}(F_t)\hat{B}' + \hat{\Sigma}_e \tag{2.8}$$

由于因子个数 K 较小，$\widehat{\mathrm{Cov}}(F_t)$ 可以直接由因子的样本协方差矩阵得到，即

$$\widehat{\mathrm{Cov}}(F_t) = \frac{1}{T}\sum_{t=1}^{T}(F_t - \bar{F})(F_t - \bar{F})', \text{ 其中 } \bar{F} = \frac{1}{T}\sum_{t=1}^{T}F_t \tag{2.9}$$

最后，根据 Sherman - Morrison - Woodbury 公式，可得 X_t 协方差逆矩阵的估计量为：

$$\hat{\Sigma}^{-1} = \hat{\Sigma}_e^{-1} - \hat{\Sigma}_e^{-1}\hat{B}[\widehat{\mathrm{Cov}}(F_t)^{-1} + \hat{B}'\hat{\Sigma}_e^{-1}\hat{B}]^{-1}\hat{B}'\hat{\Sigma}_e^{-1} \tag{2.10}$$

记$\|A\|_2$为矩阵 A 的算子范数。在正则性条件下，范等（2011）证明了当 $m_{e,N}\omega_T^{1-a}\to 0$ 时，

$$\|\hat{\Sigma}_e - \Sigma_e\|_2 = O_P(m_{e,N}\omega_T^{1-a}), \quad \|\hat{\Sigma}_e^{-1} - \Sigma_e^{-1}\|_2 = O_P(m_{e,N}\omega_T^{1-a})$$

范等（2016）指出，由于估计高维载荷矩阵累积了大量误差，所以很难得到 $\hat{\Sigma}$ 的满意收敛速率，但可以得到$\hat{\Sigma}^{-1}$性质良好的收敛速率：

$$\|\hat{\Sigma}^{-1} - \Sigma^{-1}\|_2 = O_P(m_{e,N}\omega_T^{1-a})$$

2.2 基于潜因子模型估计高维协方差矩阵

潜因子模型最典型的例子如罗斯（Ross，2013）提出的无套利定价理论，即假定资产收益存在因子结构，因而风险溢价可以表述为因子载荷的线性函数。由于能有效加总和整合大数据信息集，潜因子模型被更为广泛地应用于宏观经济领域。潜因子模型仍然可由式（2.1）和式（2.2）表述，但此时假定因子 F_t 和因子个数 K 都是未知的，因此，潜因子模型首先要对因子个数和因子本身进行估计。

假定因子 F_t 未知，当 F_t 与 X_t 之间的关系为静态时，模型（2.2）为静态因子模型；若增加因子变量的滞后项，考虑 F_t 与 X_t 之间的动态关系，则可得到动态因子模型：

$$X_{it} = B_i'(L)F_t + e_{it} \tag{2.11}$$

其中，L 为滞后算子，多项式 $B_i(L) = B_{i0} + B_{i1}L + \cdots + B_{is}L^s$ 是 X_{it} 的 s 阶动态因子载荷向量，$F_t = (F_{1t}, \cdots, F_{qt})'$为 q 维动态因子。若 s 有限，模型（2.11）为动态因子模型（DFM）；若 s 无限，模型（2.11）为广义动态因子模型（GDFM）。

令 $\Lambda_i = (B_{i0}, B_{i1}, \cdots, B_{is})'$，$\Gamma_t = (F_t, F_{t-1}, \cdots, F_{t-s})'$，则可将动

态因子模型（2.11）表述成如下静态形式：

$$X_{it} = \Lambda_i' \Gamma_t + e_{it} \tag{2.12}$$

且相应的因子个数变为 $r = q(s+1)$。白和黄（Bai and Ng，2007）假定 Γ_t 服从 VAR(p) 过程：

$$\Gamma_t = A_1 \Gamma_{t-1} + \cdots + A_p \Gamma_{t-p} + u_t \tag{2.13}$$

其中，$u_t = R\varepsilon_t$，$R = (I_q, 0, \cdots, 0)'$为 $r \times q$ 维的矩阵，ε_t 是 q 维相互独立的新息。

2.2.1 因子个数估计

1. 静态因子个数 r 的估计

在估计静态因子模型之前，首先要确定静态因子个数 r。研究这一问题的文献众多，其中最有影响力的主要包括：白和黄（2002）、冈崎（Onatski，2010）、阿恩和霍伦斯坦（Ahn and Horenstein，2010）。

学者（Bai and Ng，2002）借助多个信息准则确定静态因子个数，其思想是用残差平方和 V_r 的减小反映因子个数增加带来的收益，用惩罚项 $g(N, T)$ 的增加反映因子个数增加导致的成本，将收益和成本综合考虑，寻求权衡。具体而言，对于静态因子模型（2.2），假定静态因子个数为 r，（$\hat{F}_t$，$\hat{B}$）为（F_t，B）的估计量，则残差平方和为：

$$V_r = \frac{1}{NT} \sum_{t=1}^{T} (X_t - \hat{B}\hat{F}_t)'(X_t - \hat{B}\hat{F}_t) \tag{2.14}$$

从而有信息准则：

$$PC(r) = V_r + r\bar{\sigma}^2 g(N, T) \tag{2.15}$$

$$IC(r) = \ln(V_r) + rg(N, T) \tag{2.16}$$

其中，$\bar{\sigma}^2 = V_{r_{\max}}$，$r_{\max}$为因子个数潜在取值区间的上界。一般情况下，推荐使用的惩罚项为：

$$g(N, T) = (N+T)\ln(\min(N, T))/(NT) \tag{2.17}$$

扰动项相关时，推荐使用的惩罚项为：

$$g(N, T) = (N+T-r)\ln(NT)/(NT) \tag{2.18}$$

最后，得到静态因子个数的估计量为：

$$\hat{r}_{PC} = \min_{0\leqslant r\leqslant r_{\max}} PC(r) \tag{2.19}$$

$$\hat{r}_{IC} = \min_{0\leqslant r\leqslant r_{\max}} IC(r) \tag{2.20}$$

冈崎（2010）基于随机矩阵理论得到新的因子个数估计方法，其基本理论依据是：N 趋于无穷时，扰动项协方差矩阵的所有特征值是有界的，而共同成分协方差矩阵的 r 个特征值会随 N 增大而趋于无穷。因此，X 的样本方差协方差矩阵 Σ 的发散特征值个数即为因子的个数。设 λ_i 为 Σ 的第 i 个最大的特征值，冈崎（2010）提出的静态因子个数估计量为：

$$\hat{r} = \max\{i\leqslant r_{\max}：\lambda_i - \lambda_{i+1} \geqslant \eta\}，(\eta > 0) \tag{2.21}$$

同样基于随机矩阵理论，阿恩和霍伦斯坦（2010）提出了两个用来估计静态因子个数的新准则，分别为：

$$ER(r) = \lambda_r^X / \lambda_{r+1}^X \tag{2.22}$$

$$GR(r) = \frac{\ln(1+\lambda_r^*)}{\ln(1+\lambda_{r+1}^*)} \tag{2.23}$$

其中，λ_r^X 为 $\frac{1}{NT}\sum_{i=1}^{N} X_i X_i'$ 的第 r 个最大的特征值，$X_i = (X_{i1}，\cdots，X_{iT})'$，$\lambda_r^* = \frac{\lambda_r^X}{\sum_{j=r+1}^{\min(N,T)} \lambda_j^X}$。最后，得到静态因子个数的估计量为：

$$\hat{r}_{ER} = \max_{0\leqslant r\leqslant r_{\max}} ER(r) \tag{2.24}$$

$$\hat{r}_{GR} = \max_{0\leqslant r\leqslant r_{\max}} GR(r) \tag{2.25}$$

2. 动态因子个数 q 的估计

从当前文献来看，被广泛认可和使用的动态因子个数估计方法主要有：阿门瓜尔和沃森（Amengual and Watson，2007），白和黄（2007），布赖通和皮戈什（Breitung and Pigorsh，2013），哈林和利斯卡（2007）以及冈崎（2009）。其中，前三种主要针对动态因子模型（DFM），后两种则主要针对广义动态因子模型（GDFM）。崔国伟（2015）对这几种动态因子个数估计的方法进行了较为全面的综述。

学者（Amengual and Watson，2007，AW）的方法本质上是根据动态因子模型的静态因子表述，将估计动态因子个数这一问题巧妙转换成估计静态因子个数，再利用学者（Bai and Ng，2002）静态因子个数估计方法进行估计。具体而言，将（2.13）代入（2.12）可得，

$$X_{it} = \sum_{k=1}^{p} \Lambda_i' A_k \Gamma_{t-k} + \Lambda_i' u_t + e_{it} \tag{2.26}$$

令 $y_{it} = X_{it} - \sum_{k=1}^{p} \Lambda_i' A_k \Gamma_{t-k}$，又由于 $u_t = R\varepsilon_t$，其中 $R = (I_q, 0, \cdots, 0)'$为 $r \times q$ 维的矩阵，ε_t 是 q 维相互独立的新息，因此，$y_{it} = \Lambda_i' R\varepsilon_t + e_{it}$具有 q 个静态因子。理论上，只需学者用（Bai and Ng，2002）的信息准则估计出 y_{it}的静态因子个数，即为 X_{it}的动态因子个数 q。然而实际上，y_{it}是未知的，需要用估计量 $\hat{y}_{it}$替代。AW 考虑了 y_{it}的两种估计量，这两种估计量都需要先用主成分方法估计静态因子模型（2.12），得到因子和载荷的估计量 $\hat{\Gamma}_t$ 和$\hat{\Lambda}_i$。之后，第一种方法用 OLS 估计因子估计量 $\hat{\Gamma}_t$ 的 VAR(p)模型（2.13），得到 VAR 系数估计量（$\hat{A}_1$，…，$\hat{A}_p$），从而得到 y_{it}的估计量 $\hat{y}_{it}^a = X_{it} - \sum_{k=1}^{p} \hat{\Lambda}_i' \hat{A}_k \hat{\Gamma}_{t-k}$。第二种方法将 X_{it} 直接关于因子估计量（$\hat{\Gamma}_t$，…，$\hat{\Gamma}_{t-p}$）回归，得到系数估计量（$\hat{\pi}_{i1}^{ols}$，…，$\hat{\pi}_{ip}^{ols}$），进而得到 y_{it}的估计量$\hat{y}_{it}^b = X_{it} - \sum_{k=1}^{p} \hat{\pi}_{ik}^{ols} \hat{\Gamma}_{t-k}$。

与 AW 类似，学者（Bai and Ng，2007，BN）的方法也需要先估计静态因子模型，得到静态因子个数的估计量 $\hat{r}$ 和静态因子的估计量 $\hat{\Gamma}_t$。不同的是，BN 方法不再依赖于 y_{it}，而将研究对象转变成由 $\hat{\Gamma}_t$ 的 VAR(p) 模型得到的残差 $\hat{u}_t$。由 $u_t = R\varepsilon_t$，$R = (I_q, 0, \cdots, 0)'$，ε_t 是 q 维相互独立的新息，容易发现：u_t 的协方差矩阵 $\Sigma_u = R\Sigma_\varepsilon R'$的秩为 q，也就是说，Σ_u 的顺序特征值 $\lambda_1^u \geqslant \lambda_2^u \geqslant \cdots \geqslant \lambda_r^u$，理论上只有前 q 个不为 0。

考虑到 u_t 和 Σ_u 都是未知量，将 u_t 用残差 $\hat{u}_t$ 代替，Σ_u 用残差 $\hat{u}_t$ 的样本协方差 $S_{\hat{u}} = T^{-1} \sum_{t=1}^{T} \hat{u}_t \hat{u}_t'$ 代替，进而，将 Σ_u 的降序特征值 $\lambda_1^u \geqslant \lambda_2^u \geqslant \cdots \geqslant \lambda_r^u$ 用 $S_{\hat{u}}$ 的顺序特征值$\hat{\lambda}_1^{\hat{u}} \geqslant \hat{\lambda}_2^{\hat{u}} \geqslant \cdots \geqslant \hat{\lambda}_r^{\hat{u}}$ 代替。最终，得到 BN 定义的两个统计量：

$$\hat{D}_{1,k} = \left(\frac{\hat{\lambda}_{k+1}^{\hat{u}\ 2}}{\Sigma_{j=1}^r \hat{\lambda}_j^{\hat{u}2}} \right)^{1/2} \text{和} \ \hat{D}_{2,k} = \left(\frac{\Sigma_{j=k+1}^r \hat{\lambda}_j^{\hat{u}2}}{\Sigma_{j=1}^r \hat{\lambda}_j^{\hat{u}2}} \right)^{1/2} \tag{2.27}$$

直观上，对于所有 $k\geqslant q$，$\hat{D}_{1,k}$ 和 $\hat{D}_{2,k}$ 都应该接近于 0。因此，BN 给出相应的动态因子个数估计量为：

$$\hat{q}_1 = \#\{k: \hat{D}_{1,k}\geqslant m_0\} \text{ 和 } \hat{q}_2 = \#\{k: \hat{D}_{2,k}\geqslant m_0\} \tag{2.28}$$

其中，$\#\{\cdot\}$ 表示集合中元素的个数，$m_0 = m/\min\{N^{0.5-\delta_{BN}}, T^{0.5-\delta_{BN}}\}$，其中 $0<m<\infty$，$0<\delta_{BN}<0.5$。

布赖通和皮戈什（2013）同样需要先估计静态因子模型，得到因子估计量 $\hat{\Gamma}_t$，但与前两种方法不同，BP 方法建立在正则相关系数分析的基础之上。具体而言，令 $G_{t-1}=(\Gamma'_{t-1}, \cdots, \Gamma'_{t-s})'$，由 $\Gamma_t=(F_t, F_{t-1}, \cdots, F_{t-s})'$，$G_{t-1}$ 可以完全预测 Γ_t 中除 F_t 以外的所有变量，又由于 $F_t=(F_{1t}, \cdots, F_{qt})'$，因此，$\Gamma_t$ 与 G_{t-1} 小于 1 的正则相关系数个数为 q。令 $v_t=\Gamma_t-E(F_t|G_{t-1})$，$\rho_1\geqslant\rho_2\geqslant\cdots\geqslant\rho_r$ 是 Γ_t 和 v_t 的正则相关系数，$\zeta(k)=\sum_{h=k}^{r}\rho_h$，则 $q=\#\{k: \zeta(k)>0\}$。用估计量 $\hat{\Gamma}_t$ 替代真实值 Γ_t，容易得到正则相关系数的估计量 $\hat{\rho}_1\geqslant\hat{\rho}_2\geqslant\cdots\geqslant\hat{\rho}_r$，以及 $\hat{\xi}(k)$，最后，得到动态因子个数的估计量：

$$\hat{q}=\#\{k: \hat{\zeta}(k)\geqslant\tau_0\} \tag{2.29}$$

其中，$\#\{\cdot\}$ 表示集合中元素的个数，$\tau_0=\tau/[NT/(N+T)]^{1-\delta_{BP}}$，$0<\tau<\infty$，$0<\delta_{BP}<1$。

与前三种方法不同，哈林和利斯卡（Hallin and Liska，2007，HL）以及冈崎（2009，ONT）提出的动态因子个数估计方法主要针对广义动态因子模型。他们的理论依据是：X_t 的谱密度矩阵 $\Psi_X(\theta)$ 前 q 个最大的特征值发散，剩下的特征值对于 $|\theta|\leqslant\pi$ 一致有界。因此，属于频域方法。

关于谱密度矩阵 $\Psi_X(\theta)$，HL 考虑了两种估计量，即：滞后窗口估计量

$$\hat{\Psi}_X^a(\theta)=\frac{1}{2\pi}\sum_{k=-M_T}^{M_T} w\left(\frac{k}{M_T}\right)\hat{S}_k e^{-ik\theta} \tag{2.30}$$

和平滑周期图估计量

$$\hat{\Psi}_X^b(\theta) = \frac{2\pi}{T}\sum_{t=1}^{T-1} w^{(T)}\left(\theta-\frac{2\pi t}{T}\right)I\left(\frac{2\pi t}{T}\right) \tag{2.31}$$

其中，$\hat{S}_k$ 是 X_t 和 X_{t-k} 之间的样本协方差矩阵，$w(\alpha)$ 为正的偶权重函数，截断参数 $M_T>0$，$w^{(T)}(\alpha)=\sum_{-\infty}^{\infty} w(B_T^{-1}(\alpha+2\pi j))$，$B_T$ 带宽，$I(\alpha)=$

$(\sum_{t=1}^{T-1} X_t e^{-i\theta t})(\sum_{t=1}^{T-1} X_t' e^{i\theta t})/2\pi T$。设 $\hat{\Psi}_X(\theta)$ 的特征值为 $\hat{\lambda}_1^{\hat{\Psi}}(\theta) \geqslant \hat{\lambda}_2^{\hat{\Psi}}(\theta) \geqslant \cdots \geqslant \hat{\lambda}_N^{\hat{\Psi}}(\theta)$，对应于滞后窗口估计量，HL 提出了以下两个信息准则：

$$IC_1(k) = \frac{1}{N}\sum_{i=k+1}^{N} \frac{1}{2M_T + 1}\sum_{l=-M_T}^{M_T} \hat{\lambda}_i^{\hat{\Psi}}(\theta_l) + kp(N, T) \tag{2.32}$$

$$IC_2(k) = \log\left(\frac{1}{N}\sum_{i=k+1}^{N} \frac{1}{2M_T + 1}\sum_{l=-M_T}^{M_T} \hat{\lambda}_i^{\hat{\Psi}}(\theta_l)\right) + kp(N, T) \tag{2.33}$$

其中，$\theta_l = \pi l/(M_T + 0.5)$，$p(N, T)$ 为惩罚函数。另一方面，HL 提出对应于平滑周期图估计量的信息准则为：

$$IC_3(k) = \frac{1}{N}\sum_{i=k+1}^{N} \frac{1}{T - 1}\sum_{l=1}^{T-1} \hat{\lambda}_i^{\hat{\Psi}}(\theta_l) + kp(N, T) \tag{2.34}$$

此处，$\theta_l = 2\pi l/T$。设 $q_{\max}$ 为因子个数潜在取值区间的上界，则在 $[0, q_{\max}]$ 的范围内，使信息准则最小的 k 值即为估计的动态因子个数。

与 HL 基于信息准则估计动态因子个数不同，ONT 方法基于假设检验。其原假设 H_0 为给定频率 θ_0 处 $q = k_0$，备择假设 H_1 为 $k_0 < q \leqslant k_1$。ONT 构造的检验统计量为

$$R = \max_{k_0 < k \leqslant k_1} \frac{\hat{\lambda}_k^{\hat{\Psi}}(\theta_0) - \hat{\lambda}_{k+1}^{\hat{\Psi}}(\theta_0)}{\hat{\lambda}_{k+1}^{\hat{\Psi}}(\theta_0) - \hat{\lambda}_{k+2}^{\hat{\Psi}}(\theta_0)} \tag{2.35}$$

其中，$\hat{\lambda}_i^{\hat{\Psi}}(\theta_0)$ 为 X_t 谱密度矩阵平滑周期图估计量 $\hat{\Psi}_X^b(\theta)$ 的第 i 个最大特征值。若原假设成立，则统计量 R 渐近枢轴，且渐近分布为 Tracy - Widom 分布，通过模拟可给出相应的临界值；若备择假设成立，则 R 趋于无穷。因此，R 取值大于临界值时拒绝原假设，得出动态因子个数的估计量为 k_0。

我们发现，上述五种估计动态因子个数方法的估计思想存在明显差异。总的来说，前三种方法主要针对动态因子模型，属于时域框架，都需要先对模型的静态形式进行估计；后两种则主要针对广义动态因子模型，属于频域框架。此外，各方法背后的理论依据和估计风格也不同，如 AW 方法基于残差平方和的收敛率，BN 方法依赖于扰动项协方差矩阵的特征值中隐藏的信息，BP 方法基于静态因子的正则相关性分析；HL 和 ONT 虽然都基于谱密度矩阵特征值的收敛情况，但前者只是利用特征值收敛和发散的个数提出信息准则，后者则还用到了收敛特征值在高维条件下的分布

信息，并由此给出了检验方法。

2.2.2 主成分分析（PCA）

学者（Chamberlain and Rothschild，1983；Connor and Korajzcyk，1986）提出了估计高维近似因子模型最常用的方法：主成分分析（Principal Component Analysis，PCA）。此后，一系列的文献对此进行了研究（Connor and Korajczyk，1986；1988；Stock and Watson，2002；Fan et al.，2013；Bai and Ng，2002；Bai，2003）。

根据式（2.3），潜因子模型中 X_t 的协方差矩阵 Σ 也可分解成共同成分 $B\mathrm{Cov}(F_t)B'$ 和特质性成分 Σ_e，只是这时的因子 F_t 未知。值得注意的是，与经典因子模型不同，当假定扰动项 e_t 的协方差矩阵 Σ_e 为稀疏矩阵而不是对角矩阵时，在固定维度（T，N）下，式（2.3）是不可识别的。但如果假定 $N\to\infty$，同时假定 Σ_e 的特征值有界，或者相对 N 有较慢的增长速度，则此时式（2.3）中，协方差矩阵 Σ 的共同成分 $B\mathrm{Cov}(F_t)B'$ 作为整体是可渐近识别的。这是因为，当横截面维度 N 增加时，关于共同因子的信息增加，而关于特质性成分的信息不增加，从而使识别共同成分和特质性成分成为可能。更具体地，包括斯托克和沃森（2002）、白（2003）在内的众多文献，都使用了关键假设 2.1。

假设 2.1：当 $N\to\infty$ 时，$K\times K$ 阶矩阵 $N^{-1}B'B$ 的特征值一致有界，且远离 0 和无穷。

在此前提下，范等（2013）提出了 Σ 的一种非参估计量——主成分正交补阈值（Principal Orthogonal complEment Thresholding，POET）估计量。

我们知道，在假设 2.1 下，协方差矩阵 Σ 的共同成分 $B\mathrm{Cov}(F_t)B'$ 作为整体是可渐近识别的，但因子载荷 B 和潜因子 F_t 却不可单独识别，这是因为对于任意 $K\times K$ 维非奇异矩阵 H，都有（B，F_t）等价于（BH^{-1}，HF_t）。为了识别出 B 和 F_t，需要施加 K^2 个约束条件。一般情况下，以下两组对称的识别条件最为常用：

$$B'B/N=I_K,\ FF'\text{是对角矩阵} \tag{2.36}$$

$$FF'/T=I_K,\ B'B\text{ 为对角矩阵} \tag{2.37}$$

以第二组识别条件为例进行说明。假定式(2.37)成立,则 $\mathrm{Cov}(F_t)=I_K$,结合式(2.3),可得 X_t 的协方差矩阵为:

$$\Sigma = BB' + \Sigma_e \tag{2.38}$$

设 λ_j 为 Σ 第 j 个最大的特征值,ξ_j 为对应的特征向量;$\mu_1 \geqslant \cdots \geqslant \mu_K$ 为 BB' 的降序特征值,η_1,…,η_K 为对应的特征向量。记 $\|A\|_2$ 为矩阵 A 的算子范数,$\|A\|_\infty = \max\limits_k \|A_{k*}\|_1$,其中 A_{k*} 为以向量形式表示的矩阵 A 的第 k 行的所有元素,$\|A_{k*}\|_1$ 为向量 A_{k*} 的所有元素求和。范等(2013)发现

$$\|\xi_j - \eta_j\|_2 = O(N^{-1}\|\Sigma_e\|_2),\ \text{对于}\ j \leqslant K \tag{2.39}$$

$$|\lambda_j - \mu_j| \leqslant \|\Sigma_e\|_2,\ \text{对于}\ j \leqslant K;\ |\lambda_j| \leqslant \|\Sigma_e\|_2,\ \text{对于}\ j > K \tag{2.40}$$

且证明出

$$\left\|BB' - \sum_{j=1}^{K} \lambda_j \xi_j \xi_j'\right\|_{\max} = O(N^{-1/2}) \tag{2.41}$$

设 S 为 X_t 的样本协方差矩阵,$\hat{\lambda}_j$ 为 S 的第 j 个最大的特征值,$\hat{\xi}_j$ 为对应的特征向量,则 S 有如下的谱分解:

$$S = \sum_{j=1}^{K} \hat{\lambda}_j \hat{\xi}_j \hat{\xi}_j' + S_e \tag{2.42}$$

其中,$S_e = \sum\limits_{j=K+1}^{N} \hat{\lambda}_j \hat{\xi}_j \hat{\xi}_j' = (s_{e,i,j})$。类似于可观测因子模型的(2.5)式,定义

$$\hat{\Sigma}_e = (\hat{\sigma}_{e,ij})_{N\times N},\ \hat{\sigma}_{e,ij} = \begin{cases} s_{e,ij}, & i=j; \\ h(s_{e,ij};\ \tilde{\omega}_{T,ij}), & i \neq j. \end{cases} \tag{2.43}$$

同样考虑到缩放尺度的影响,假定阈值参数 $\tilde{\omega}_{T,ij} = \sqrt{s_{e,ii}s_{e,jj}}\,\tilde{\omega}_T$,不同于可观测因子模型,这时 $\tilde{\omega}_T = C\left(\sqrt{\dfrac{\log N}{T}} + \dfrac{1}{\sqrt{N}}\right)$。

最后,得出潜因子模型中协方差矩阵 Σ 的 POET 估计量为:

$$\hat{\Sigma}_K = \sum_{j=1}^{K} \hat{\lambda}_j \hat{\xi}_j \hat{\xi}_j' + \hat{\Sigma}_e \tag{2.44}$$

其中,因子个数 K 可由 2.2.1 部分介绍的因子个数估计方法估计。

与可观测因子模型估计协方差矩阵类似,在条件稀疏性假定和一些正则条件下,范等(2013)证明了当 $m_{e,N}\tilde{\omega}_T^{1-a} \to 0$ 时,

$$\|\hat{\Sigma}_e - \Sigma_e\|_2 = O_P(m_{e,N}\tilde{\omega}_T^{1-a}),\ \|\hat{\Sigma}_e^{-1} - \Sigma_e^{-1}\|_2 = O_P(m_{e,N}\tilde{\omega}_T^{1-a})$$

类似地,由于 Σ 前 K 个最大的特征值随 N 增加,所以很难得到 $\hat{\Sigma}$ 的满意收

敛速率，但 $\hat{\Sigma}^{-1}$ 的收敛速率与 $\hat{\Sigma}_e^{-1}$ 的收敛速率相同，即 $\|\hat{\Sigma}^{-1}-\Sigma^{-1}\|_2=O_P(m_{e,N}\tilde{\omega}_T^{1-a})$。

2.2.3 极大似然估计（MLE）

由上一部分可知，在用PCA估计因子模型时，需要先得到数据样本协方差矩阵的特征值和特征向量，再对特征值或特征向量施加约束，这往往使得涉及因子相关约束的假设检验难以实现，而极大似然估计（Maximum Likelihood Estimation，MLE）则无此局限。多兹等（Doz et al.，2012）首次将MLE方法推广至高维因子模型，但他们的方法依赖于较为特殊的范数，不具有普适性，而且他们主要关注最大似然估计量的函数，而不是估计量本身的性质，因此没有对估计量的一致性问题及相关统计推断问题进行论证。学者（Bai and Li，2012；2016）在此基础上进一步推进，建立了高维因子模型较为完整的极大似然分析框架。

假定 $\{F_t\}$ 是固定常数因子，设因子 F_t 的样本协方差矩阵为 S_F，X 的样本协方差矩阵为 S，残差项的样本协方差矩阵为 $S_e=\frac{1}{T}\sum_{t=1}^{T}\hat{e}_t\hat{e}_t'=(s_{e,ij})$。定义

$$\Omega=BS_FB'+\Omega_e \tag{2.45}$$

其中，

$$\Omega_e=(\varphi_{e,ij})_{N\times N},\ \varphi_{e,ij}=\begin{cases}s_{e,ij}, & i=j;\\ 0, & i\neq j.\end{cases} \tag{2.46}$$

考虑如下的目标函数

$$\ln L=-\frac{1}{2N}\ln|\Omega|-\frac{1}{2N}tr(S\Omega^{-1}) \tag{2.47}$$

由于矩阵 Ω 不同于式（2.3）中真正的协方差 Σ，因此式（2.47）并不是标准意义的似然函数，学者（Doz et al.，2012）称其为误设的似然函数，但在经典因子模型假定下，它正好是标准的似然函数。

这一目标函数中的待估参数有：因子载荷 B、因子的样本协方差矩阵 S_F（K^2 个待估参数）以及 Ω_e。将因子的协方差矩阵而不是因子本身看作

待估参数，可以将此项待估参数的个数从 Tr 减少到 K^2，极大的节约了样本自由度，从而减少了相应的伴随参数偏误产生的影响。白和李（Bai and Li，2012）假设扰动项的协方差矩阵 Σ_e 是对角矩阵，最大化式（2.47），得到如下三个一阶条件：

$$\hat{B}'\hat{\Omega}^{-1}(S-\hat{\Omega})=0 \tag{2.48}$$

$$\mathrm{diag}(\hat{\Omega}^{-1})=\mathrm{diag}(\hat{\Omega}^{-1}S\hat{\Omega}^{-1}) \tag{2.49}$$

$$\hat{B}'\hat{\Omega}^{-1}\hat{B}=\hat{B}'\hat{\Omega}^{-1}S\hat{\Omega}^{-1}\hat{B} \tag{2.50}$$

白和李（2014）放宽 Σ_e 是对角矩阵这一假定，允许扰动项弱横截面相关，他们证明了基于同样一阶条件所得的估计量仍是一致的。另外，他们还设计了简便 EM 算法以实现 MLE 估计，得到（B，S_F，Ω_e）的 MLE 估计量（$\hat{B}$，$\hat{S}_F$，$\hat{\Omega}_e$）。最后，基于广义最小二乘估计（Generalized Least Square，GLS），得到因子 F_t 的估计量为

$$\hat{F}_t=(\hat{B}'\hat{\Omega}_e^{-1}\hat{B})^{-1}\hat{B}'\hat{\Omega}_e^{-1}X_t \tag{2.51}$$

得到因子载荷和因子的估计量后，可按照可观测因子模型的思路继续估计 X_t 的协方差矩阵，即将 $\hat{B}$、式（2.51）和式（2.43）代入式（2.8），最终得到 X_t 的协方差矩阵 Σ 的估计量。

类似于 PCA 方法中可以将载荷或因子标准化，从而得到式（2.36）和式（2.37）两组识别条件，MLE 方法也可以选择将因子或载荷序列看作常数。式（2.45）到式（2.51）给出的 MLE 方法将因子看作常数序列，而将载荷看作待估参数，更适用于 $T>N$ 的情况。当 $N>T$ 时，将载荷看作常数序列，同时将因子看作待估参数，将使计算更为简便。这时，目标函数（2.47）变为：

$$\ln L=-\frac{1}{2T}\ln|\Omega|-\frac{1}{2T}tr(S\Omega^{-1}) \tag{2.52}$$

同样，根据简便 EM 算法，得到待估参数（F，S_B，Ω_e）的 MLE 估计量（$\hat{F}$，$\hat{S}_B$，$\hat{\Omega}_e$）。估计出参数后，再根据式（2.8）可得到协方差矩阵的估计量，根据式（2.10）得到协方差矩阵逆的估计量。白和李（2016）证明了在正则假定下，包括因子载荷、因子协方差矩阵及扰动项协方差矩阵极大似然估计量的一致性，并给出了渐近分布和收敛速率。

2.3 基于结构因子模型估计高维协方差矩阵

2.3.1 结构因子模型简介

在金融领域，尤其是资产收益的研究中，由于较长的时间区间往往会发生较大的变异，我们经常不得不摒弃一段时间以前的数据，而只对近期的数据进行关注，以研究当前的市场状况，这就导致了高维小样本（High - Dimensional Low Sample Size，HDLSS）的数据模型的产生。为了使 HDLSS 模型能充分利用近期各方面的信息，从而提供更准确的估计，一种有效的方法是将因子载荷假定成各种相关已知信息的函数，这就是结构因子模型。

假定对于第 i 个个体有 d 个可观测的协变量 Y_{i1}，…，Y_{id}，记 $Y_i=(Y_{i1}, \cdots, Y_{id})$，$Y_i$ 可以是类似可观测因子的变量，例如股票 i 的市值、权益收益率、市盈率、波动等。康纳和林顿（Connor and Linton，2007）、康纳等（2012）将潜因子模型的因子载荷 B_{ik} 假定成协变量 Y_i 的函数 $g_k(Y_i)$，从而将一般的潜因子模型转换成如下半参数因子模型：

$$X_{it}=\sum_{k=1}^{K} g_k(Y_i)F_{kt}+e_{it} \tag{2.53}$$

范等（2016b）认为因子载荷的信息并不是完全包含在协变量中的，从而提出将因子载荷的随机成分包含进模型，式（2.53）于是扩展成更加灵活的半参数混合效应模型：

$$X_{it}=\sum_{k=1}^{K}[g_k(Y_i)+\gamma_{ik}]F_{kt}+e_{it} \tag{2.54}$$

其中，γ_{ik} 为因子载荷中不能被协变量解释、均值为零的随机不可观测成分。

2.3.2 结构因子模型估计

投影主成分分析（Projected PCA）是估计结构因子模型的最重要方法，

其核心思想是在每个时点将观测值序列用协变量序列进行平滑。具体而言：首先，在每个时点 t，将观测值 $\{X_{it}\}_{i=1}^{N}$ 序列对协变量 $\{Y_i\}_{i=1}^{N}$ 序列回归，得到投影拟合值序列 $\{\hat{X}_{it}\}_{i=1}^{N}$；第二步，基于该拟合值序列 $\{\hat{X}_t\}_{t=1}^{T}$ 进行主成分分析。

将向量形式的因子模型（2.2）写成如下矩阵形式：

$$X = BF + E \tag{2.55}$$

其中，X 和 E 分别为由 X_{it} 和 e_{it} 构成的 $N \times T$ 维矩阵，$F = (F_1, \cdots, F_T)$。假定第 i 个个体的协变量 $Y_i = (Y_{i1}, \cdots, Y_{id})$ 与其扰动项 e_{it} 独立。设 $\phi = (\phi_1, \cdots, \phi_J)'$ 为 J 个基础函数 ϕ_j 组成的函数集，其中 J 是预先设定的，$\Phi(Y) = (\phi(Y_1), \cdots, \phi(Y_N))'$ 为 Y 的过滤转换矩阵，其维度为 $N \times (Jd)$。则将观测值 X 向协变量 Y 投影的投影矩阵为

$$P = \Phi(Y)(\Phi(Y)'\Phi(Y))^{-1}\Phi(Y)' \tag{2.56}$$

这与式（2.54）中的 $g_k(Y_i)$ 相对应。这样得到观测值 X 的投影值 $\hat{X} = PX$。值得注意的是，投影矩阵 P 被设定为与时间 t 无关。

由前面提到的协变量与扰动项正交的假定可得 $PE \approx 0$，另外再假定投影后的载荷矩阵 $PB \neq 0$，且当 $N \to \infty$ 时，$(1/N)(PB)'PB$ 的所有特征值以接近1的概率满足大于0且有界的条件。这样，将式（2.55）左右两边同乘 P 可得：

$$PX \approx PBF \tag{2.57}$$

将新的因子模型（2.57）看成普通的潜因子模型，引入识别条件（2.37），即 $FF'/T = I_K$，$(PB)'PB$ 为对角矩阵，即可估计出因子 F 和因子载荷 PB。设 $\tilde{V} = (v_1, \cdots, v_K)$，$v_i$ 为 $T \times T$ 的矩阵 $(1/T)(PX)'PX$ 第 i 个最大的特征值对应的特征向量，根据2.2.2部分介绍的主成分方法，容易得到因子 F 和因子载荷 PB 的估计量分别为：

$$\tilde{F} = \sqrt{T}\tilde{V} \tag{2.58}$$

$$\widetilde{PB}(Y) = \frac{1}{T}PX\tilde{F} \tag{2.59}$$

当 N，$J \to \infty$ 时，范等（2016b）给出 $\tilde{F}$ 和 $\widetilde{PB}(Y)$ 的收敛速率：

$$\frac{1}{\sqrt{T}}\|\tilde{F} - F\|_2 = O_P\left(\frac{1}{N}\right), \quad \frac{1}{\sqrt{N}}\|\widetilde{PB}(Y) - PB(Y)\|_2 = O_P\left(\frac{1}{(N\min\{T, N\})^{1/2-1/(2\kappa)}}\right)$$

其中，κ 是代表 $g_k(\cdot)$ 函数光滑度的常数。

投影主成分方法相较于一般主成分方法最大的优势是：即使当横截面维度 N 趋于无穷而样本大小 T 有界时，估计出的潜因子仍是一致的。因此，该方法尤其适用于金融领域常见的 HDLSS 情境。

2.4 本章总结

本章系统地研究如何基于因子模型，有效地估计高维协方差矩阵。因子模型，将数据分割成由有限个因子驱动的共同成分和随机成分，通过对随机成分的协方差矩阵进行稀疏性假定，以达到降维的目的。我们介绍的因子模型包括：可观测因子模型、潜因子模型、结构因子模型和适用于高频数据的连续时间因子模型。

可观测因子模型假定共同因子是可观测的，在金融实证中较为常见。我们所熟悉的 CARM、三因素模型等都看作是可观测因子模型。由于此时因子是已知的，利用 OLS 就能估计出模型。但由于我们最终目的在于估计协方差矩阵，所以，此时的重点在于选择阈值函数，对随机成分协方差中接近于 0 的值进行处理。

与可观测因子模型不同，由于潜因子模型假定因子是未知的，因此，首先需要确定因子个数。潜因子模型，按照因子与数据之间的关系是否为动态，又可分为静态因子模型和动态因子模型。本章对静态因子个数和动态因子个数的选择方法进行了较为详尽的综述。前者一般通过先验信息、信息准则和随机矩阵理论等方法来确定（最有影响力的方法包括 Bai 和 Ng，2002；Onatski，2010；Ahn and Horenstein，2010）；后者则又可分为针对一般动态因子模型和广义动态因子模型两类：其中，针对一般动态因子模型，学者（Amengual and Watson，2007；Bai and Ng，2007；Breitung and Pigorsch，2013）都需要先估计静态因子个数；而针对广义动态因子模型的方法都依赖于数据谱密度矩阵特征值的收敛和发散情况（包括 Hallin and Liska，2007，HL；Onatski，2009，ONT）。此外，我们还详细介绍了两种最为常见的潜因子模型估计方法：主成分分析和极大似然估计，并说明，如何进一步估计协方差矩阵。

针对金融数据常见的高维小样本特征，结构因子模型将因子载荷假定成各种相关已知信息的函数，以达到充分利用近期各方面信息的目的，因而比一般因子模型更为适用。本章重点介绍了估计结构因子模型最为重要的投影主成分分析，其核心是在每个时点将观测中序列用协变量序列进行平滑。

第3章 基于压缩方法估计高维协方差矩阵

高维协方差矩阵的压缩估计，起源于学者（Stein，1956）提出的压缩思想，其本质是在减少估计方法的设定偏误（specification bias）和估计误差（estimation error）之间进行权衡。已有学者（Stein，1986）指出在高维小样本情况下，样本协方差矩阵存在较大的估计误差，使得其数值较大的特征值系统性偏大，而数值较小的特征值系统性偏小，提出通过向均值方向压缩特征值同时保留特征向量的方法进行修正。在高维渐近理论下，有学者（Ledoit and Wolf，2003；2004a；2004b）通过使真实协方差矩阵与其估计量之差的 Frobenius 范数最小，推导出三种针对不同压缩目标（shrinkage target）的最优线性压缩公式，证明了所得协方差矩阵线性压缩估计量的渐近性质，并通过蒙特卡罗模拟说明其有限样本表现。但线性压缩估计法的局限性在于其对所有样本特征值用同样的压缩密度（shrinkage intensity）进行压缩。因此，当总体特征值相对分散时，其对样本协方差矩阵的改善效果有限。

非线性压缩估计作为线性压缩估计的扩展，对样本协方差矩阵在整个参数空间内进行优化，突破了线性压缩估计法的上述局限性。勒多伊特和佩什（2011）首先根据理论最优的非线性压缩表达式，推导出仅依赖于样本特征值谱分布的协方差矩阵非线性压缩公式（记为 oracle 估计量），勒多伊特和沃尔夫（2012）在此基础上推导出该 oracle 估计量的统计实现（bona fide 估计量），勒多伊特和沃尔夫（2015）则进一步优化该非线性压缩估计量，使其在横截面维度超过时间维度的情况下依然有效。勒多伊特和沃尔夫（2017）以 NYSE 和 NASDAQ 上市的股票为研究对象，通过考察横截面维度为100、250、500等多种情况下的最小方差组合，说明勒多伊特和沃尔夫（2015）协方差矩阵非线性压缩估计量的样本外表现整体上优于包括弗拉姆和梅美尔（Frahm and Memmel，2010），范等（2012a），勒多伊特和沃尔夫（2004a），范等（2013）在内的其它方法所得估计量。

协方差矩阵的压缩估计不受限于观测值独立同分布的假定，其可与动态模型结合，用于高维协方差矩阵的样本外预测（Engle et al.，2019），还可与因子模型结合，以充分利用因子中的信息，实现更有效的高维协方差矩阵估计（De Nard et al.，2019）。

3.1 基于线性压缩法估计高维协方差矩阵

线性压缩方法，本质上是通过对样本协方差矩阵和压缩目标矩阵进行加权平均，在模型的设定偏误和估计误差之间进行权衡，使二者都限制在合理范围内。由于样本协方差矩阵有较小的设定偏误，但在高维下有较大的估计误差，因此，压缩目标矩阵应具有与其互补的性质，即需满足在高维条件下，仍有较小的估计误差。不同的线性压缩方法对应于不同的压缩目标矩阵，但却都有相同形式的二次损失函数，且都是通过最小化二次损失函数求得权重的最优解。

勒多伊特和沃尔夫（2003；2004a；2004b）提出了三种线性压缩目标矩阵对样本协方差矩阵进行压缩，分别为：由夏普（Sharpe，1963）单指数模型得到的协方差矩阵、等相关系数矩阵和单位阵，其中单位阵最为简单有效。勒多伊特和沃尔夫（2003；2004a；2004b）发现相比于多因子模型，利用压缩方法得到的协方差矩阵估计量有更小的样本外方差损失，且压缩方法既不需要知道关于因子个数或因子性质的信息，也不需要对因子个数或因子本身进行估计，因而更适用于以构建金融资产组合为代表的金融领域。但值得注意的是，当N/T较大或总体特征值较集中时，线性压缩估计量能较有效地改善样本协方差矩阵；相反，当N/T较小或总体特征值分散时，线性压缩估计量对样本协方差矩阵的改善效果却比较有限（Ledoit and Wolf，2004b）。

3.1.1 单指数线性压缩

学者（Sharpe，1963）的单指数模型假定个体股票收益满足：

$$X_{it}=\alpha_i+\beta_i X_{0t}+e_{it} \tag{3.1}$$

其中，扰动项 e_{it} 与市场收益 X_{0t} 不相关，不同个体的扰动项之间也不相关，且扰动项的方差不随时间变化，即 $\mathrm{Var}(e_{it})=\delta_{ii}$。由这一模型得到 X_{it} 的协方差矩阵为：

$$G=\sigma_{00}^2\beta\beta'+D \tag{3.2}$$

其中，σ_{00}^2 是市场收益 X_{0t} 的方差，$\beta=(\beta_1,\ \cdots,\ \beta_N)'$，$D$ 为对角矩阵，其中对角元素为扰动项的方差 δ_{ii}。G 即为单指数线性压缩方法的压缩目标矩阵。通过对每个股票个体建立以上模型进行回归，得到 X_{it} 协方差矩阵的估计量为

$$\hat{G}=s_{00}^2\hat{\beta}\hat{\beta}'+\hat{D} \tag{3.3}$$

其中，s_{00}^2 是市场收益 X_{0t} 的样本方差，$\hat{\beta}$ 为 β 的估计量，$\hat{D}$ 为对角矩阵，其中对角元素为扰动项的方差估计量 $\hat{\delta}_{ii}$。

由于单指数模型的结构假定较为严格，由该模型得到的协方差矩阵估计量可能存在较严重的设定偏误，但却有较小的估计误差，这与存在较大估计误差但却渐近无偏的样本协方差矩阵正好相反。而我们知道，统计理论的一个基本原则就是在设定偏误和估计误差的权衡中，寻求一个内部最优解。因此，接下来我们需要选择最优权重，对单指数协方差矩阵估计量 $\hat{G}$ 和样本协方差矩阵 S 进行加权平均，从而实现这一最优解。

设对单指数协方差矩阵估计量分配的权重为 α，则根据这一线性压缩方法得到的协方差矩阵为 $\alpha\hat{G}+(1-\alpha)S$。设 X_{it} 的总体协方差矩阵为 Σ，记矩阵 A 的 Frobenius 范数为 $\|A\|$，我们考虑如下二次（Frobenius）损失函数：

$$L(\alpha)=\|\alpha\hat{G}+(1-\alpha)S-\Sigma\|^2 \tag{3.4}$$

记 $\hat{g}_{ij}$，s_{ij}，σ_{ij} 分别为矩阵 $\hat{G}$，S 和 Σ 中坐标为（i，j）的元素，由式（3.4）可得

$$E(L(\alpha)) = \sum_{i=1}^{N}\sum_{j=1}^{N} E(\alpha\hat{g}_{ij} + (1-\alpha)s_{ij} - \sigma_{ij})^2 \tag{3.5}$$

则所求最优权重为

$$\alpha^* = \min_{\alpha} E(L(\alpha)) \tag{3.6}$$

对式（3.5）关于 α 求一阶导和二阶导，令一阶导为零，可得

$$\alpha^* = \frac{\sum_{i=1}^{N}\sum_{j=1}^{N}[\mathrm{Var}(s_{ij}) - \mathrm{Cov}(\hat{g}_{ij},\ s_{ij})]}{\sum_{i=1}^{N}\sum_{j=1}^{N}[\mathrm{Var}(\hat{g}_{ij} - s_{ij}) + (g_{ij} - \sigma_{ij})^2]} \tag{3.7}$$

其中，g_{ij}为矩阵 G 中坐标为（i，j）的元素。由于目标函数的二阶导处大于零，（3.7）式给出的最优解是有效的。

勒多伊特和沃尔夫（2003）证明了 α^* 满足：

$$\alpha^* = \frac{1}{T}\frac{\pi - \rho}{\gamma} + O\left(\frac{1}{T^2}\right) \tag{3.8}$$

其中，$\pi = \sum_{i=1}^{N}\sum_{j=1}^{N} Asy\mathrm{Var}[\sqrt{T}s_{ij}]$ ，$\rho = \sum_{i=1}^{N}\sum_{j=1}^{N} Asy\mathrm{Cov}[\sqrt{T}g_{ij}, \sqrt{T}s_{ij}]$ ，γ 则为单指数模型的模型误设，即 $\gamma = \sum_{i=1}^{N}\sum_{j=1}^{N}(g_{ij} - \sigma_{ij})^2$ 。因此，假定 N 有限，而 $T \to \infty$ ，权重的渐近最优解为 $\alpha^* = \kappa / T$，其中 $\kappa = \frac{\pi - \rho}{\gamma}$。不难发现，给予单指数模型的权重随着样本协方差矩阵误差的增大而增加，随着单指数模型误设的增大而减小，这与理论预期相符。

值得注意的是，由于 π，ρ，γ 都是不可得的，因而需要用一致估计量 $\hat{\pi}$，$\hat{\rho}$，$\hat{\gamma}$ 来代替。设 $\hat{\pi} = \sum_{i=1}^{N}\sum_{j=1}^{N}\hat{\pi}_{ij}$ ，$\hat{\rho} = \sum_{i=1}^{N}\sum_{j=1}^{N}\hat{\rho}_{ij}$ ，$\hat{\gamma} = \sum_{i=1}^{N}\sum_{j=1}^{N}\hat{\gamma}_{ij}$ 。令 $m_i = \frac{1}{T}\sum_{t=1}^{T} X_{it}$ ，$m_j = \frac{1}{T}\sum_{t=1}^{T} X_{jt}$ ，$m_0 = \frac{1}{T}\sum_{t=1}^{T} X_{0t}$ 。勒多伊特和沃尔夫（2003）给出的一致估计量为：

$$\hat{\pi}_{ij} = \frac{1}{T}\sum_{t=1}^{T}[(X_{it} - m_i)(X_{jt} - m_j) - s_{ij}]^2 \tag{3.9}$$

$$\hat{\gamma}_{ij} = (\hat{g}_{ij} - s_{ij})^2 \tag{3.10}$$

$$\hat{\rho}_{ij} = \begin{cases} \hat{\pi}_{ii}, & i = j \\ \frac{1}{T}\sum_{t=1}^{T}\{\hat{\rho}_{ijt}\}, & i \neq j \end{cases} \tag{3.11}$$

其中

$$\hat{\rho}_{ijt}=\frac{s_{j0}s_{00}(X_{it}-m_i)+s_{i0}s_{00}(X_{jt}-m_j)-s_{i0}s_{j0}(X_{0t}-m_0)}{s_{00}^2}(X_{0t}-m_0)$$

$$(X_{it}-m_i)(X_{jt}-m_j)-\hat{g}_{ij}s_{ij} \tag{3.12}$$

最后，单指数线性压缩方法给出的协方差矩阵估计量为

$$\hat{\Sigma}=\frac{\hat{\kappa}}{T}\hat{G}+\left(1-\frac{\hat{\kappa}}{T}\right)S \tag{3.13}$$

其中 $\hat{\kappa}=\frac{\hat{\pi}-\hat{\rho}}{\hat{\gamma}}$。

3.1.2 等相关系数线性压缩

勒多伊特和沃尔夫（2004a）提出常数相关系数模型，以构造等相关系数线性压缩目标矩阵 G。具体而言，同上，设 X_{it} 的总体协方差矩阵为 Σ，样本协方差矩阵为 S，记 g_{ij}，s_{ij}，σ_{ij} 分别为矩阵 G，S 和 Σ 中坐标为（i，j）的元素，则总体相关系数及样本相关系数分别为

$$\varrho_{ij}=\frac{\sigma_{ij}}{\sqrt{\sigma_{ii}\sigma_{jj}}}\text{和 } r_{ij}=\frac{s_{ij}}{\sqrt{s_{ii}s_{jj}}} \tag{3.14}$$

从而，总体相关系数和样本相关系数的均值分别为

$$\bar{\varrho}=\frac{2}{N(N-1)}\sum_{i=1}^{N-1}\sum_{j=i+1}^{N}\varrho_{ij}\text{ 和 }\bar{r}=\frac{2}{N(N-1)}\sum_{i=1}^{N-1}\sum_{j=i+1}^{N}r_{ij} \tag{3.15}$$

勒多伊特和沃尔夫（2004a）定义总体常数相关系数矩阵为 Φ，设其由元素 ϕ_{ij} 构成，其中

$$\phi_{ii}=\sigma_{ii}\text{和 }\phi_{ij}=\bar{\varrho}\sqrt{\sigma_{ii}\sigma_{jj}} \tag{3.16}$$

利用样本方差和均值样本相关系数，构造出样本常数相关系数矩阵 G：

$$g_{ii}=s_{ii}\text{和 }g_{ij}=\bar{r}\sqrt{s_{ii}s_{jj}} \tag{3.17}$$

类似，考虑二次损失函数：

$$L(\delta)=\|\delta G+(1-\delta)S-\Sigma\|^2 \tag{3.18}$$

最优权重为

$$\delta^*=\min_\delta E(L(\delta)) \tag{3.19}$$

对于这一最优问题，学者（Ledoit and Wolf，2003）已经证明了 δ^* 满足：

$$\delta^* = \frac{1}{T}\frac{\pi - \rho}{\gamma} + O\left(\frac{1}{T^2}\right) \tag{3.20}$$

这时，$\pi = \sum_{i=1}^{N}\sum_{j=1}^{N} AsyVar[\sqrt{T}s_{ij}]$，$\rho = \sum_{i=1}^{N}\sum_{j=1}^{N} AsyCov[g_{ij}, \sqrt{T}s_{ij}]$，$\gamma$ 则为压缩目标的误设，即 $\gamma = \sum_{i=1}^{N}\sum_{j=1}^{N}(\phi_{ij} - \sigma_{ij})^2$。

同样，由于 π，ρ，γ 未知，需要用一致估计量 $\hat{\pi}$，$\hat{\rho}$，$\hat{\gamma}$ 来代替。设 $\hat{\pi} = \sum_{i=1}^{N}\sum_{j=1}^{N}\hat{\pi}_{ij}$，$\hat{\rho} = \sum_{i=1}^{N}\sum_{j=1}^{N}\hat{\rho}_{ij}$，$\hat{\gamma} = \sum_{i=1}^{N}\sum_{j=1}^{N}\hat{\gamma}_{ij}$，$m_i = \frac{1}{T}\sum_{t=1}^{T}X_{it}$，$m_j = \frac{1}{T}\sum_{t=1}^{T}X_{jt}$。他们（Ledoit and Wolf，2004a）给出一致估计量：

$$\hat{\pi}_{ij} = \frac{1}{T}\sum_{t=1}^{T}[(X_{it} - m_i)(X_{jt} - m_j) - s_{ij}]^2 \tag{3.21}$$

$$\hat{\gamma}_{ij} = (g_{ij} - s_{ij})^2 \tag{3.22}$$

$$\hat{\rho}_{ij} = \begin{cases} \hat{\pi}_{ii}, & i = j \\ \frac{\bar{r}}{2}\left(\sqrt{\frac{s_{jj}}{s_{ii}}}\hat{\vartheta}_{ii,ij} + \sqrt{\frac{s_{ii}}{s_{jj}}}\hat{\vartheta}_{jj,ij}\right), & i \neq j \end{cases} \tag{3.23}$$

其中

$$\hat{\vartheta}_{ii,ij} = \frac{1}{T}\sum_{t=1}^{T}[(X_{it} - m_i)^2 - s_{ii}][(X_{it} - m_i)(X_{jt} - m_j) - s_{ij}] \tag{3.24}$$

$$\hat{\vartheta}_{jj,ij} = \frac{1}{T}\sum_{t=1}^{T}[(X_{jt} - m_j)^2 - s_{jj}][(X_{it} - m_i)(X_{jt} - m_j) - s_{ij}] \tag{3.25}$$

最后，得到协方差矩阵的等相关系数线性压缩估计量为

$$\hat{\Sigma} = \hat{\delta}^* G + (1 - \hat{\delta}^*)S \tag{3.26}$$

其中

$$\hat{\delta}^* = \max\{0,\ \min\{\hat{\kappa}/T,\ 1\}\}，\text{其中 } \hat{\kappa} = \frac{\hat{\pi} - \hat{\rho}}{\hat{\gamma}} \tag{3.27}$$

3.1.3 单位阵线性压缩

我们知道，线性压缩方法的本质是将样本协方差矩阵和目标矩阵进行中和，达到在结构偏误和估计误差之间寻求平衡的目的。由于样本协方差

矩阵存在较大的估计误差，所以目标矩阵应该满足的首要条件是有较小的估计误差。勒多伊特和沃尔夫（2004b）于是考虑了一种极端情况，即估计误差为零的目标矩阵——单位阵。

设赋予单位阵 I 和样本协方差矩阵 S 的权重分别为 ρ_1 和 ρ_2。与上两部分所述类似，构造二次损失函数：

$$L(\rho_1,\ \rho_2)=\|\rho_1 I+\rho_2 S-\Sigma\|^2 \tag{3.28}$$

于是有最优化问题：

$$\min_{\rho_1,\rho_2} E(L(\rho_1,\ \rho_2)) \tag{3.29}$$

设 $\rho_1=\rho v$，$\rho_2=1-\rho$，则目标函数变为

$$E(L(\rho,\ v))=E(\|\rho vI+(1-\rho)S-\Sigma\|^2) \tag{3.30}$$

分别关于 v 和 ρ 求导，得到这一最优化问题的解为：

$$v^*=\mu \tag{3.31}$$

$$\rho^*=\frac{E([\|S-\Sigma\|^2]}{E[\|S-\mu I\|^2]} \tag{3.32}$$

其中，$\mu=\frac{1}{N}\sum_{i=1}^{N}\lambda_i$，$\lambda_i$ 则为总体协方差矩阵 Σ 的特征值。最终得到权重 ρ_1 和 ρ_2 的最优解分别为 $\rho_1^*=\frac{\mu E[\|S-\Sigma\|^2]}{E[\|S-\mu I\|^2]}$，$\rho_2^*=\frac{\|\Sigma-\mu I\|^2}{E[\|S-\mu I\|^2]}$。

由于总体协方差矩阵 Σ 不可得，式（3.31）和式（3.32）给出的最优解也是不可得的，勒多伊特和沃尔夫（2004b）同样给出了一致估计量来替代：

$$\hat{v}^*=\hat{\mu} \tag{3.33}$$

$$\hat{\rho}^*=\frac{\min\left\{\frac{1}{T^2}\Sigma_t^T\|X_{\cdot t}X'_{\cdot t}-S\|^2,\ \|S-\hat{\mu}I\|^2\right\}}{\|S-\hat{\mu}I\|^2} \tag{3.34}$$

其中，$\hat{\mu}=\frac{1}{N}\sum_{i=1}^{N}\hat{\lambda}_i$，$\hat{\lambda}_i$ 为样本协方差矩阵 S 的特征值。最后，权重 ρ_1 和 ρ_2 最优解的估计量为

$$\hat{\rho}_1^*=\hat{v}^*\hat{\rho}^* \tag{3.35}$$

$$\hat{\rho}_2^*=1-\hat{\rho}^* \tag{3.36}$$

单位阵线性压缩方法给出的协方差矩阵估计量为

$$\hat{\Sigma}=\hat{\rho}_1^* I+\hat{\rho}_2^* S \tag{3.37}$$

3.2 基于非线性压缩法估计高维协方差矩阵

前一部分的线性压缩估计方法对所有样本特征值给定相同的压缩密度，是马尔琴科和帕斯图尔（1967）给出的样本特征值和总体特征值高维渐近下非线性关系问题的一阶近似解。当高阶效应比较明显时，这种一阶近似解将不能有效改善样本协方差矩阵，这时，采用对不同的样本特征值赋予不同压缩密度的非线性压缩估计方法将很有必要。

非线性压缩方法的基本思想是：首先，通过压缩样本协方差矩阵的特征值，而同时保留特征向量不变，来构建一组与样本协方差矩阵“旋转等变”的估计量；然后，通过最小化损失函数（常用的损失函数包含 Frobenius 损失函数、Stein 损失函数、最小方差损失函数）选出最优的估计量。其本质是将小的特征值放大，大的特征值缩小，从而将样本特征值的范围向均值压缩。

设 X 为 X_{it} 构成的 $T\times N$ 维股票收益矩阵，当 $T\rightarrow\infty$ 时，$N/T\rightarrow c$。总体协方差矩阵 Σ_T 为 N 维非随机正定矩阵，λ_i 为其第 i 个最大的特征值，ξ_i 为对应的特征向量；b_i 是 N 维样本协方差矩阵 S_T 第 i 个最大的特征值，u_i 是对应的特征向量。与 S_T “旋转等变”的估计量集为：

$$U_T D_T U_T' = \sum_{i=1}^{N} d_i u_i u_i' \tag{3.38}$$

其中矩阵 U_T 的第 i 列为样本特征向量 u_i，$D_T=\mathrm{Diag}(d_1, \cdots, d_N)$。我们的目的是在这一系列估计量中找到与总体协方差矩阵 Σ_T 最为接近的那个。如果用 Frobenius 范数来测度估计量矩阵与总体协方差矩阵之间的距离（即使用 Frobenius 损失函数），则我们的最优化问题变为：

$$\min_{D_T}\| U_T D_T U_T' - \Sigma_T \|^2 \tag{3.39}$$

容易求得最优解为

$$D_T^* = \mathrm{Diag}(d_1^*, \cdots, d_N^*) \tag{3.40}$$

其中，$d_i^* = u_i'\Sigma_T u_i$（对于 $i=1, \cdots, N$）。从而得到最优的协方差矩阵估计

量为

$$S_T^* = U_T D_T^* U_T' \tag{3.41}$$

但由于 d_i^* 依赖于不可观测的总体协方差矩阵 Σ_T，所以这一最优解是不可得的。

勒多伊特和沃尔夫（2012；2015；2017；2018）通过一系列文章，讨论如何将这一不可得的最优解有效转换为依赖于样本特征值极限分布的理想（oracle）估计量，再将理想（oracle）估计量进一步转换成渐近性质良好的可实现（bona fide）估计量。他们通过这一系列文章，逐步明确了极限压缩函数的概念，即将协方差矩阵估计量的特征值放入“压缩方程”中。

设总体特征值 λ_i 的经验分布函数为 $H_T(x):=N^{-1}\sum_{i=1}^{N}1_{[\lambda_i,\infty)}(x)$，$H_T$ 也被称为谱分布函数，设 H_T 弱收敛于 H，则 H 被称为极限谱分布；设样本特征值 b_i 的经验分布函数为 $F_T(x):=N^{-1}\sum_{i=1}^{N}1_{[b_i,\infty)}(x)$，现有文献（Silverstein，1995；Silverstein and Bai，1995；Silverstein and Choi，1995；Bai and Silverstein，1998；1999）已证明存在极限样本谱分布 F，使对于任意非零的实数 x，满足 $F_T(x)$ 渐近收敛于 $F(x)$。有学者（Silverstein and Choi，1995）指出 F 在除了零点以外的位置处处连续，且在零点处的定义为$F(0)=\max\left\{1-\frac{1}{C},\ H(0)\right\}$。类似地，定义 $\underline{F}$ 为 T 维样本协方差矩阵 S_N 的特征值的极限谱分布。

设 $\mathrm{Re}(z)$ 和 $\mathrm{lm}(z)$ 分别表示复数 z 的实部和虚部；$\mathbb{C}^+$ 表示有严格正虚部的复数集；对于任意实数域上的非降函数 G，s_G 表示其 Stieltjes 转换：

$$\forall z\in\mathbb{C}^+ s_G(z):=\int\frac{1}{b-z}dG(b) \tag{3.42}$$

当函数 G 在 a 和 b 处连续时，Stieltjes 转换满足如下的公式：

$$G(b)-G(a)=\lim_{\eta\to 0^+}\frac{1}{\pi}\int_a^b \mathrm{lm}[s_G(\xi+i\eta)]d\xi \tag{3.43}$$

根据西尔斯坦（1995），$s:=s_F(z)$ 是集合$\left\{s\in\mathbb{C}:\ -\frac{1-c}{z}+cs\in\mathbb{C}^+\right\}$中，以下方程的唯一解：

$$\forall z \in \mathbb{C}^{+} s_{F}(z) = \int \frac{1}{\lambda(1 - c - czs_{F}(z)) - z} dH(\lambda) \tag{3.44}$$

类似，$s := s_{\underline{F}}(z)$ 是$\mathbb{C}^{+}$中，以下方程的唯一解：

$$\forall z \in \mathbb{C}^{+} s_{\underline{F}}(z) = -\left[z - c\int \frac{\lambda}{1 + \lambda s_{\underline{F}}(z)} dH(\lambda)\right]^{-1} \tag{3.45}$$

西尔弗斯坦和崔（1995）证明了对于任意不为零的实数 b，$\lim_{z \in \mathbb{C}^{+} \to b} s_{F}(z) =: \breve{s}_{F}(b)$ 存在，因此，Stieltjes 转换函数的定义域可以从有严格正虚部的复数集$\mathbb{C}^{+}$扩展到实数集$\mathbb{R}$。当$c<1$ 时，$\breve{s}_{F}(0)$ 存在，且 F 在整个实数域$\mathbb{R}$上有连续的导数 $F' = \pi^{-1}\mathrm{Im}[\breve{s}_{F}]$，其中在 $(-\infty, 0]$ 上，$F' \equiv 0$。当 $c>1$ 时，$\breve{s}_{\underline{F}}(0)$ 存在，且 $\underline{F}$在整个实数域$\mathbb{R}$上也有连续的导数。

定义 $F_{T,N}^{v}$为对应于总体谱分布 $N^{-1}\sum_{i=1}^{N} 1_{[v_i, \infty)}$ 的样本特征值的极限谱分布，$s_{T,N}^{v}$为 $F_{T,N}^{v}$的 Stieltjes 转换，$(F_{T,N}^{v})^{-1}$为谱分布函数 $F_{T,N}^{v}$的逆，也被称为量化函数。基于此，勒多伊特和沃尔夫（2014b）构建了一种非随机多变量函数——量化的特征值样本转换函数（QuEST），记为 $Q_{T,N}$，其定义如下：

$$Q_{T,N}: [0, \infty)^{N} \to [0, \infty)^{N} \tag{3.46}$$

$$v := (v_1, \cdots, v_N)' \mapsto Q_{T,N}(v) := (q_{T,N}^{1}(v), \cdots, q_{T,N}^{N}(v))' \tag{3.47}$$

其中，

$$\forall i = 1, \cdots, N \quad q_{T,N}^{i}(v) := N\int_{(i-1)/N}^{i/N} (F_{T,N}^{v})^{-1}(u)du \tag{3.48}$$

$$\forall u \in [0, 1] (F_{T,N}^{v})^{-1}(u) := \sup\{x \in \mathbb{R}: F_{T,N}^{v}(x) \leqslant u\} \tag{3.49}$$

$$\forall x \in \mathbb{R} F_{T,N}^{v}(x) := \begin{cases} \max\left\{1 - \frac{T}{N}, N^{-1}\sum_{i=1}^{N} 1_{\{v_i = 0\}}\right\}, & \text{若 } x = 0 \\ \lim_{\eta \to 0^{+}} \frac{1}{\pi}\int_{-\infty}^{x} \mathrm{Im}[s_{T,N}^{v}(\xi + i\eta)]d\xi, & \text{其他} \end{cases} \tag{3.50}$$

其中，对于 $\forall z \in \mathbb{C}^{+}$，$s$：$s_{T,N}^{v}$是集合$\left\{s \in \mathbb{C}: -\frac{T-N}{Tz} + \frac{N}{T}s \in \mathbb{C}^{+}\right\}$中，以下方程的唯一解：

$$s = \frac{1}{N}\sum_{i=1}^{N} \frac{1}{\lambda_i(1 - c - czs) - z} \tag{3.51}$$

勒多伊特和沃尔夫（2015）定义

$$\hat{\lambda}_T := \underset{v \in (0,\infty)^N}{\operatorname{argmin}} \frac{1}{N} \sum_{i=1}^{N} [q_{T,N}^i(v) - b_i]^2 \tag{3.52}$$

他们证明了

$$\frac{1}{N} \sum_{i=1}^{N} [\hat{\lambda}_{T,i} - \lambda_{T,i}]^2 \xrightarrow{a.s} 0 \tag{3.53}$$

当 $c<1$ 时，勒多伊特和沃尔夫（2012）给出 d_i^* 的一种理想（oracle）估计量为

$$d_i^{or} = \frac{b_i}{|1 - c - cb_i \breve{s}_F(b_i)|^2} \tag{3.54}$$

勒多伊特和佩什（2011）将 d_i^* 的理想（oracle）估计量扩展到 $c>1$ 的情况：

$$d_i^{or} = \begin{cases} \dfrac{1}{(c-1)\breve{s}_{\underline{F}}(0)}, & \text{当 } b_i = 0 \text{ 或 } c > 1 \text{ 时} \\ \dfrac{b_i}{|1 - c - cb_i \breve{s}_F(b_i)|^2}, & \text{其他} \end{cases} \tag{3.55}$$

这一理想（oracle）估计量中 $\breve{s}_{\underline{F}}(0)$ 和 $\breve{s}_F(b_i)$ 都是不可实现的。勒多伊特和沃尔夫（2012）给出 $\breve{s}_F(b_i)$ 的可实现（bona fide）估计量 $\breve{s}_{T,N}^{\hat{\lambda}_T}(b_i)$，并由 $\hat{\lambda}_T$ 是 λ_T 的一致估计量，进一步证明出 $\breve{s}_{T,N}^{\hat{\lambda}_T}(b_i) \to \breve{s}_F(b_i)$。勒多伊特和沃尔夫（2014a）则给出 $\breve{s}_{\underline{F}}(0)$ 的强一致性估计量 $s := \widehat{\breve{s}_{\underline{F}}(0)}$，并说明其为 $(0, \infty)$ 上，以下方程的唯一解：

$$s = \left[\frac{1}{T} \sum_{i=1}^{N} \frac{\hat{\lambda}_i}{1 + \hat{\lambda}_i s}\right]^{-1} \tag{3.56}$$

综上，勒多伊特和沃尔夫（2014a）给出对应于式（3.55）的可实现（bona fide）估计量为：

$$\hat{d}_i = \begin{cases} \dfrac{1}{\left(\dfrac{N}{T} - 1\right)\widehat{\breve{s}_{\underline{F}}(0)}}, & \text{若 } b_i = 0 \\ \dfrac{b_i}{\left|1 - \dfrac{N}{T} - \dfrac{N}{T} b_i \breve{s}_{T,N}^{\hat{\lambda}_T}(b_i)\right|^2}, & \text{若 } b_i > 0 \end{cases} \tag{3.57}$$

勒多伊特和沃尔夫（2014b）通过计算 Stein 损失函数的收敛极限，通过使该极限最小，得到另一种理想（oracle）估计量：

$$d_i^{or}=\begin{cases}\left(\frac{c}{c-1}\breve{s}_H(0)-\breve{s}_{\underline{F}}(0)\right)^{-1}, & 若\ b_i=0\\ \frac{b_i}{1-c-2cb_iRe[\breve{s}_F(b_i)]}, & 若\ b_i>0\end{cases} \tag{3.58}$$

不同于 Frobenius 损失函数，Stein 损失函数定义如下：

$$L=\frac{1}{N}\mathrm{Tr}(\boldsymbol{\Sigma}_T^{-1}\hat{\boldsymbol{\Sigma}}_T)-\frac{1}{N}\log[\det(\boldsymbol{\Sigma}_T^{-1}\hat{\boldsymbol{\Sigma}}_T)]-1 \tag{3.59}$$

且给出相应的可实现（bona fide）估计量为：

$$\hat{d}_i=\begin{cases}\left(\frac{N}{N-T}\widehat{\breve{s}_H(0)}-\widehat{\breve{s}_{\underline{F}}(0)}\right)^{-1}, & 若\ b_i=0\\ \frac{b_i}{1-\frac{N}{T}-2\frac{N}{T}b_i\mathrm{Re}[\breve{s}_{T,N}^{\hat{\lambda}_T}(b_i)]}, & 若\ b_i>0\end{cases} \tag{3.60}$$

其中，$\widehat{\breve{s}_{\underline{F}}(0)}$ 和 $\breve{s}_{T,N}^{\hat{\lambda}_T}(b_i)$ 与前面相同，$\widehat{\breve{s}_H(0)}$则是 $\breve{s}_H(0)$ 的强一致性估计量：

$$\widehat{\breve{s}_H(0)}=\frac{1}{N}\sum_{i=1}^{N}\frac{1}{\hat{\lambda}_i} \tag{3.61}$$

3.3 本章总结

压缩方法是除了因子模型以外，另一种非常重要且有效的高维协方差矩阵估计方法。不同于因子模型，压缩方法不对数据进行任何结构性外生假定。其理论依据是：在高维下，样本协方差矩阵之所以与总体协方差矩阵相去甚远，主要是因为样本特征值相比总体特征值更加发散，因此，利用样本谱分布和总体谱分布之间的关系，对样本特征值进行修正，就能得到最优的压缩协方差估计量。

压缩方法，从最初的线性压缩，发展到现在的非线性压缩，其对样本协方差矩阵的优化作用逐渐增强。线性压缩，对所有样本特征值给定相同的压缩密度，为样本特征值与总体特征值非线性关系问题的一阶近似最优解，如单指数压缩、等相关稀疏压缩、单位阵压缩，其中以单位阵压缩最为常见。非线性压缩，对不同的样本特征值赋予不同压缩密度，充分考虑了高阶效应。借助量化的特征值样本转换函数（QuEST），非线性压缩方法由理论意义上的最优解，推导出依赖于样本特征值极限分布的理想估计量，最后得到渐近性质良好的可实现估计量。本章对压缩方法的这一套理论进行了较为详尽的分析、解读。

第4章 高维条件协方差矩阵的估计

4.1 GARCH 模型

普遍认为，金融资产收益之间的（条件）相关系数具有时变性，资产收益的波动也是时变的，且具有聚类效应，即具有自回归性质和长记忆性，因此，前期信息对资产收益的二阶矩有着重要影响。在研究金融资产收益波动和协方差随时间变化的模型中，广义自回归条件异方差（GARCH）模型被运用得最为广泛，其中单变量模型除了标准 GARCH，还包括恩格尔和波勒斯列夫（Engle and Bollerslev，1986）的 IGARCH、纳尔逊（Nelson，1991）的 EGARCH、丁等（Ding et al.，1993）的 ARARCH、贝利等（Baillie et al.，1996）的分整 GARCH、巴布斯里和扎克伊安（Babsiri and Zakoian，2001）的不对称 GARCH，以及森塔纳（Sentana，1995）的二次 ARCH 等。多元 GARCH 模型则包括波勒斯列夫等（1988）的 VEC 模型、Bollerslev（1990）的 CCC 模型、恩格尔和克罗纳（Engle and Kroner，1995）的 BEKK 模型，恩格尔（2002）的 DCC 模型，勒多伊特等（2003）的灵活 MGARCH 模型等。鲍文斯等（Bauwens et al.，2006）对多元 GARCH 模型的文献进行了较为全面的综述。本书在其基础上对多元 GARCH 模型进行介绍。

设 $\{X_t\}$ 是一个 $N\times 1$ 的随机过程向量，θ 为参数向量，$\mu_t(\theta)$ 为其条

件均值向量，$H_t(\theta)$ 为其条件协方差矩阵，则 X_t 可以写成如下形式：

$$X_t = \mu_t(\theta) + e_t \tag{4.1}$$

$$e_t = H_t^{1/2}(\theta) z_t \tag{4.2}$$

假定 $H_t^{1/2}(\theta)$ 是 $N \times N$ 的正定矩阵，z_t 满足 $E(z_t)=0$，$\mathrm{Var}(z_t)=I_N$，其中 I_N 表示 N 阶单位阵。$H_t(\theta)$ 的不同设定形成了不同的多元 GARCH 模型。按照多元 GARCH 模型的不同构建模式，我们将其分为两类进行研究，分别是：（1）对学者（Bollerslev，1986）的单变量 GARCH 模型直接泛化而形成，主要包括 VEC、BEKK、灵活的多元 GARCH（FLEXM）、因子模型（F－GARCH）、广义正交模型（O－GARCH）；（2）对单变量 GARCH 模型的非线性组合，包括常相关模型（CCC）和动态相关模型（DCC）。

4.1.1 单变量 GARCH 模型的直接泛化

1. VEC 模型

波勒斯列夫等（1988）提出的 VEC 模型假定 $N \times N$ 维的条件协方差矩阵 $H_t(\theta)$ 的每个元素都是滞后平方误与误差项和 $H_t(\theta)$ 自身元素滞后值交叉乘积的线性函数。具体地，我们以 VEC(1，1）模型为例进行说明。设 $h_t = vech(H_t)$，$\eta_t = vech(e_t e_t')$，其中 $vech(\cdot)$ 表示将 $N \times N$ 维的矩阵下三角部分堆叠起来，形成一个 $N(N+1)/2 \times 1$ 维的列向量，若用 $h_{ij,t}$ 表示矩阵 H_t 中坐标位置为（i，j）的元素，则

$$vech(H_t) = (h_{11,t},\ h_{21,t},\ h_{22,t},\ h_{31,t},\ \cdots,\ h_{N1,t},\ h_{N2,t},\ \cdots,\ h_{NN,t})' \tag{4.3}$$

VEC(1，1）模型定义如下：

$$h_t = c + A\eta_{t-1} + Bh_{t-1} \tag{4.4}$$

其中，A 和 B 都是 $N(N+1)/2$ 阶的参数方阵，c 为 $N(N+1)/2 \times 1$ 维的参数向量。

如果不对待估参数添加任何的假定，则 VEC(1，1）模型的待估参数个数达到 $N(N+1)(N(N+1)+1)/2$，显然不适用于高维情况。波勒斯列夫等（1988）提出可以假定参数方阵 A 和 B 都是对角阵，从而将待估参数

个数降至 $3N(N+1)/2$，这就是对角 VEC(DVEC) 模型。为了更好地研究条件协方差矩阵正定的充要条件，现将 DVEC 模型写成如下矩阵形式：

$$H_t = C^o + A^o \odot (e_t e_t') + B^o \odot H_{t-1} \tag{4.5}$$

其中，A^o，B^o，C^o 满足 $A = \mathrm{diag}[vech(A^o)]$[①]，$B = \mathrm{diag}[vech(B^o)]$，$c = vech(C^o)$，$\odot$表示哈达玛（Hadamard）积[②]。很直观地看到，如果 C^o，A^o，B^o，以及初始协方差矩阵 H_0 都是正定的，则对于任意 t，H_t 都是正定矩阵。更严格地，如果限制参数矩阵 A^o 和 B^o 秩为 1，或者假定其为一个正的标量，则模型（4.5）简化成标量 VEC(SVEC) 模型。

2. BEKK 模型

由上述可以看到，不加任何假定的 VEC 模型（4.4）不仅存在待估参数过多的问题，而且很难满足对于任何 t，H_t 都为正定矩阵这一条件。因此，学者（Engle and Kroner，1995）的 BEKK 模型应运而生。BEKK(1，1，K) 模型定义如下：

$$H_t = C + \sum_{k=1}^{K} A_k' e_{t-1} e_{t-1}' A_k + \sum_{k=1}^{K} B_k' H_{t-1} B_k \tag{4.6}$$

其中，C，A_k，B_k 都是 $N \times N$ 的矩阵。当 $K=1$ 时，模型待估参数为 $N(5N+1)/2$ 个。容易看出，BEKK 模型是 DVEC 模型的一种特例。为了减少高维情况下待估参数的个数，还可进一步假定 A_k 和 B_k 为对角矩阵（对角 BEKK)，或更进一步，假定 A_k 和 B_k 为标量（标量 BEKK)。

3. FLEXM 方法

FLEXM 方法是勒多伊特等（2003）在 DVEC 模型（4.5）的基础上，针对其仍然存在的待估参数过多这一问题而提出的一种估计方法。具体而言，FLEXM 方法将估计分为两步：第一步，用单元 GARCH 模型估计每个序列的波动，即独立估计 N 个模型；第二步，以第一步估计出的参数为条件，用二元 GARCH 模型估计每两个序列间的协方差阵，即独立估计 $N(N-$

---

① 若 v 为 $M \times 1$ 阶向量，则 $\mathrm{diag}(v)$ 为 $M \times M$ 维的对角矩阵，其对角线上的元素由向量 v 的元素构成。

② 若 $A=(a_{ij})$ 和 $B=(b_{ij})$ 为两个同阶矩阵，则 $A \odot B = (a_{ij} b_{ij})$。

1)/2 个模型。其中，第一步对于每个资产 i，其波动模型的估计如下：

$$h_{iit}=c_{ii}+a_{ii}e_{i,t-1}^{2}+b_{ii}h_{ii,t-1} \tag{4.7}$$

第二步，对于任意两个资产 i 和 j，以第一步得到的方差序列估计量 $\{\hat{h}_{iit}\}$ 和 $\{\hat{h}_{jjt}\}$ 为条件，通过最大化对数似然函数，估计如下模型：

$$h_{ijt}=c_{ij}+a_{ij}e_{i,t-1}e_{j,t-1}+b_{ij}h_{ij,t-1} \tag{4.8}$$

FLEXM 方法最核心的问题在于如何保证条件协方差矩阵 H_t 的半正定性。为了使 H_t 为半正定矩阵，需要满足三个条件：（1）$A=(a_{ij})$ 为半正定矩阵；（2）$B=(b_{ij})$ 为半正定矩阵；（3）$D=(d_{ij})$ 为半正定矩阵，其中 $d_{ij}=c_{ij}/(1-b_{ij})$。

设由式（4.7）和式（4.8）估计得到的参数矩阵 $A=(a_{ij})$，$B=(b_{ij})$ 和 $C=(c_{ij})$ 的估计量分别为 $\hat{A}$，$\hat{B}$ 和 $\hat{C}$。记 $\hat{D}=(\hat{d}_{ij})$，$\hat{d}_{ij}=\hat{c}_{ij}/(1-\hat{b}_{ij})$。勒多伊特等（2003）提出通过最小化参数估计量矩阵和有相同主对角元素的半正定矩阵之间的 Frobenius 范数来得到满足正定性条件的最终参数估计量 $\tilde{A}$，$\tilde{B}$ 和 $\tilde{D}$，即：

$$\min_{\tilde{A}}\|\hat{A}-\tilde{A}\|,\ \min_{\tilde{B}}\|\hat{B}-\tilde{B}\|,\ \min_{\tilde{D}}\|\hat{D}-\tilde{D}\| \tag{4.9}$$

$$\text{s. t.}\quad \tilde{A},\ \tilde{B} \text{ 和 } \tilde{D} \text{ 为半正定矩阵，且 } \tilde{a}_{ii}=\hat{a}_{ii},\ \tilde{b}_{ii}=\hat{b}_{ii},\ \tilde{d}_{ii}=\hat{d}_{ii} \tag{4.10}$$

4. F-GARCH 模型

我们发现，在高维情况下，即使对 VEC 或 BEKK 模型施加一些限制性假定，仍然存在待估参数过多的问题，恩格尔等（1990）提出用提共同因子的思想参数化协方差矩阵 H_t，波勒斯列夫和恩格尔（1993）在此基础上提出了因子 GARCH（F-GARCH）模型。事实上，F-GARCH 模型是 BEKK 模型的一种特例。具体地，F-GARCH(1，1，K) 模型在 BEKK(1，1，K) 模型（4.6）的基础上补充以下条件：

$$A_k=\alpha_k\xi_k\lambda_k',\ B_k=\beta_k\xi_k\lambda_k' \tag{4.11}$$

其中，α_k 和 β_k 为标量，λ_k 和 ξ_k 分别为 A_k 和 B_k 的左、右特征向量（假定对于任意 $k=1,\cdots,K$，矩阵 A_k 和 B_k 秩为 1，且有相同的 $N\times1$ 维左、右特征向量），且满足：

$$\xi_k'\lambda_i=\begin{cases}0,\ 如果\ k\neq i\\1,\ 如果\ k=i\end{cases}\tag{4.12}$$

$$\sum_{n=1}^{N}\xi_{kn}=1\tag{4.13}$$

式（4.13）为限制性识别条件。令 $\Omega=C'C$，将式（4.11）和式（4.12）代入式（4.6），可得 F-GARCH(1，1，K) 模型的完整表达式为：

$$H_t=\Omega+\sum_{k=1}^{K}\lambda_k\lambda_k'(\alpha_k^2\xi_k'e_{t-1}e_{t-1}'\xi_k+\beta_k^2\xi_k'H_{t-1}\xi_k)\tag{4.14}$$

向量 λ_k 和标量 $\xi_k'e_t$ 分别被称为因子载荷和因子。这时，虽然由于 Ω 是满秩矩阵导致 H_t 仍是满秩矩阵，但其时变部分已经降秩为 K。F-GARCH(1，1，1) 模型的待估参数个数也降为 $N(N+5)/2$。记 $f_{kt}=\xi_k'e_t$，$\sigma_{kt}^2=\xi_k'H_t\xi_k$，$\varepsilon_k=\xi_k'\Omega\xi_k$，方程（4.14）可写为如下形式：

$$h_{ijt}=\zeta_{ij}+\sum_{k=1}^{K}\lambda_{ki}\lambda_{kj}\sigma_{kt}\tag{4.15}$$

$$\sigma_{kt}^2=\varepsilon_k+\alpha_k^2f_{k,t-1}^2+\beta_k^2\sigma_{k,t-1}^2\tag{4.16}$$

其中，$\zeta_{ij}=\varepsilon_{ij}-\sum_{k=1}^{K}\lambda_{ki}\lambda_{kj}\varepsilon_k$。

从另一个角度，F-GARCH 模型也可以这样描述：

$$e_t=\sum_{k=1}^{K}\lambda_kf_{kt}+u_t\tag{4.17}$$

其中，u_t 为有常数协方差阵的特质性冲击，且与 K 个因子都不相关。每个因子 f_{kt} 的条件均值都为 0，条件方差可写成如式（4.16）的 GARCH(1，1) 模型，条件协方差则由条件式（4.12）可推导出：对于 $\forall i\neq j$，i，$j\in\{1,2,\cdots,K\}$，$E_{t-1}(f_{it},f_{jt})=\xi_i'\Omega\xi_j$。不难发现，因子间的条件协方差不具有时变性。式（4.17）也可用如下矩阵形式表述：

$$e_t=\Lambda f_t+u_t\tag{4.18}$$

其中，Λ 为 $N\times K$ 维因子载荷矩阵，f_t 为 $K\times1$ 维因子向量。

5. O－GARCH 模型

在上一部分 F-GARCH 模型的基础上，学者（Alexander and Chibumba，1997）提出更严格的假定：各因子 f_{kt} 是条件正交的，即 $\forall i\neq j$，i，$j\in\{1,

2，…，$K\}$，$E_{t-1}(f_{it}, f_{jt})=0$，这就是O-GARCH模型。该模型可用第2章介绍的估计潜因子模型的方法——主成分法或最大似然法进行估计。当然，在此之前应该先确定因子个数（具体见2.2.1）。

4.1.2 单变量GARCH模型的非线性组合

这一小节的两种多元GARCH模型，都是先对每个序列单独建模，估计出每个序列的时变条件方差矩阵，然后基于此对序列间的条件相关系数建模。

1. CCC模型

波勒斯列夫（1990）提出的常相关模型（CCC），假定条件相关系数矩阵为常数。这一假定大大减少了待估参数个数。具体地，CCC模型定义如下：

$$H_t = D_t R D_t \tag{4.19}$$

其中，D_t 为波动矩阵，R 为对称正定的常相关系数矩阵，且对角元素全为1。$D_t=\mathrm{diag}(h_{11t}^{1/2}, \cdots, h_{NNt}^{1/2})$，$h_{iit}(i=1, 2, \cdots, N)$ 又可定义成 N 个独立的单变量GARCH模型，如设定

$$h_{iit} = c_{ii} + a_{ii}e_{i,t-1}^2 + b_{ii}h_{ii,t-1} \tag{4.20}$$

则模型待估参数的总数为 $N(N+5)/2$。这时 H_t 有正定性的充要条件是对于 $\forall i \in \{1, 2, \cdots, N\}$，都有 $h_{iit}>0$，且 R 为正定矩阵。

2. DCC模型

一般认为CCC模型中假定条件相关系数为常数这一条件过于严苛，在实际中很难满足，恩格尔（2002）于是放松这一假定，将CCC模型扩展成动态相关模型（DCC），其定义如下：

$$H_t = D_t R_t D_t \tag{4.21}$$

与CCC模型类似，D_t 为波动矩阵，$D_t=\mathrm{diag}(h_{11t}^{1/2}, \cdots, h_{NNt}^{1/2})$，$h_{iit}(i=1, 2, \cdots, N)$ 又可定义成 N 个独立的单变量GARCH模型。但此时相关系数矩阵 R_t 为时变的：

$$R_t = \mathrm{diag}(q_{11t}^{-1/2} \cdots q_{NNt}^{-1/2}) Q_t \mathrm{diag}(q_{11t}^{-1/2} \cdots q_{NNt}^{-1/2}) \tag{4.22}$$

其中正定矩阵 $Q_t = (q_{ijt})$ 满足

$$Q_t = (1 - \alpha - \beta) \bar{Q} + \alpha u_{t-1} u'_{t-1} + \beta Q_{t-1} \tag{4.23}$$

$\bar{Q}$ 是 u_t 的无条件协方差矩阵，u_t 为 $u_{it} = e_{it} / \sqrt{h_{iit}}$ 构成的 $N \times 1$ 维向量，α 和 β 是非负的标量，且满足 $\alpha + \beta < 1$。

4.2 GARCH 模型的估计

假定模型的新息 z_t 服从独立的标准正态分布，利用拟极大似然估计法（QMLE），我们只需最大化如下的样本拟似然函数：

$$L(\theta) = -\frac{1}{2} \sum_{t=1}^{T} (\log |H_t| + e_t' H_t^{-1} e_t) \tag{4.24}$$

特别地，对于 DCC 模型，我们将待估参数分为波动参数 ψ 和相关系数参数 $\phi = (\alpha, \beta)$ 两组。将波动矩阵 D_t 记为 $D_t(\psi)$，相关系数矩阵 R_t 记为 $R_t(\psi, \phi)$。这样，模型的样本似然函数被分为两个部分：

$$L(\theta) = L_v(\psi) + L_c(\psi, \phi) \tag{4.25}$$

其中

$$L_v(\psi) = -\frac{1}{2} \sum_{t=1}^{T} (\log |D_t|^2 + e_t' D_t^{-2} e_t) \tag{4.26}$$

$$L_c(\psi, \phi) = -\frac{1}{2} \sum_{t=1}^{T} (\log |R_t| + u_t' R_t^{-1} u_t - u_t' u_t) \tag{4.27}$$

首先，最大化波动参数的拟似然函数，得到波动参数 ψ 的估计量

$$\hat{\psi} = \underset{\psi}{\mathrm{argmax}} L_v(\psi) \tag{4.28}$$

第二步，将波动参数的估计量 $\hat{\psi}$ 代入 $L_c(\psi, \phi)$，得到相关系数 ϕ 的估计量为

$$\hat{\phi} = \underset{\phi}{\mathrm{argmax}} L_c(\hat{\psi}, \phi) \tag{4.29}$$

值得注意的是，关于新息的正态性假定往往与实际金融数据并不相符。事实上，多数金融资产收益的峰度都大于 3，即相比正态分布有更多的极值，且其无条件分布相比于正态假定下的情况有厚尾。但波勒斯列夫

和伍尔德里奇（Bollerslev and Wooldridge，1992）证明了即使数据生成过程不是条件高斯的，只要条件均值和条件方差设定正确，最大化样本拟似然函数式（4.24），仍可以得到参数的一致估计量。具体地，设新息 z_t 的密度函数为 $g(z_t)$，则样本拟似然函数变为

$$L(\theta) = -\frac{1}{2}\sum_{t=1}^{T}\log|H_t| - \sum_{t=1}^{T}\log(g(z_t)) \tag{4.30}$$

一种最典型的替代正态分布的假定即为学生分布。假定新息 $z_t \sim t(v)$，我们知道，自由度 v 越接近于0，该分布的厚尾特征越明显；而当 v 趋向于正无穷时，该分布逼近于正态分布。同时，自由度 v 的大小，决定了数据几阶矩的存在性。为了保证二阶矩的存在性，假定 $v>2$，这时密度函数为

$$g(z_t \mid v) = \frac{\Gamma\left(\frac{v+N}{2}\right)}{\Gamma\left(\frac{v}{2}\right)[\pi(v-2)]^{\frac{N}{2}}}\left[1+\frac{z_t'z_t}{v-2}\right]^{-\frac{N+v}{2}} \tag{4.31}$$

其中 $\Gamma(\cdot)$ 为 Gamma 函数。

学生分布虽然考虑了资产收益的厚尾性，但仍未将资产收益的偏态和超额峰度考虑进去。鲍文斯和劳伦特（Bauwens and Laurent，2002）提出的多元偏-t 分布，以及巴恩多夫-尼尔森和谢泼德（Barndorff-Nielsen and Shephard，2001）提出的广义双曲分布则考虑了资产收益的偏态和超额峰度。

4.2.1 复合拟最大似然（CL）

在高维模型中，最大化样本拟似然函数面临的难题之一是在计算样本拟似然函数时需要多次对 N 维矩阵 H_t 求逆。针对这一问题，恩格尔等（2008）提出一种复合拟最大似然法（CL）代替一般的拟最大似然法来估计多变量 GARCH 模型，即通过加总资产子集的拟似然值，避免了对高维的协方差矩阵求逆，从而大大提高了估计高维 GARCH 模型的效率。

具体而言，该方法首先由原始数据 $\{X_t\}$ 构建数据子集 $Y_{jt}=S_jX_t$，其中 S_j 是一个非随机的选择矩阵，如任意挑选 N 维时间序列数据集中的两组时间序列数据进行组合，S_j 即为一个 $2\times N$ 的矩阵，这样可以形成 $M=$

$N(N-1)/2$ 个组合：$Y_{1t}=(X_{1t},\ X_{2t})'$，…，$Y_{Mt}=(X_{N-1,t},\ X_{Nt})'$。容易得到，在信息集 F_{t-1} 已知的条件下，Y_{jt} 的条件期望和条件协方差分别为：

$$E(Y_{jt}\,|\,F_{t-1})=S_j\mu_t(\theta) \tag{4.32}$$

$$\mathrm{Cov}(Y_{jt}\,|\,F_{t-1})=H_{jt}=S_jH_tS_j' \tag{4.33}$$

由此，我们得到第 j 个组合 t 时期的有效拟似然函数：

$$l_{jt}(\theta)=\log f(Y_{jt};\ \theta)=-\frac{1}{2}\log|H_{jt}|-\frac{1}{2}Y_{jt}'H_{jt}^{-1}Y_{jt} \tag{4.34}$$

对所有 M 个组合的拟似然函数值求平均，得到 t 时期的复合拟似然函数（CL）：

$$c_t(\theta)=\frac{1}{M}\sum_{j=1}^{M}l_{jt}(\theta) \tag{4.35}$$

最后，按时间加总得到样本 CL 函数

$$\mathrm{CL}(\theta)=\sum_{t=1}^{T}c_t(\theta) \tag{4.36}$$

即

$$\mathrm{CL}(\theta)=\sum_{t=1}^{T}\frac{1}{M}\sum_{j=1}^{M}\left(-\frac{1}{2}\log|H_{jt}|-\frac{1}{2}Y_{jt}'H_{jt}^{-1}Y_{jt}\right) \tag{4.37}$$

最大化该 CL 函数得到参数估计量 $\hat{\theta}$。比较式（4.24）和式（4.37），容易发现，和一般的 QMLE 需要对 N 维矩阵 H_t 求逆不同，CL 方法只需对 2 维矩阵 H_{jt} 求逆。

4.2.2 基于矩的拟极大似然估计（MMLE）

估计高维 GARCH 模型时面临的第二难题是，当横截面维度大时，待估参数过多，即使是最简化的标量 BEKK(1, 1) 模型也存在 $N(N+1)/2+2$ 个待估参数。解决这一问题的方法是把一些冗余的待估参数分离出来，用基于矩的估计量代替其基于拟最大似然法的最优解，从而避免其对最大化整体拟似然函数形成负荷。恩格尔和马兹里奇（1996）提出在标量 BEKK 模型中，以“协方差为目标”（Covariance Targeting），得到式（4.36）中截距 C 矩阵基于矩的估计量为：

$$\hat{C}=(1-\alpha-\beta)\hat{\bar{H}} \tag{4.38}$$

其中

$$\hat{\bar{H}} = \frac{1}{T}\sum_{t=1}^{T} \varepsilon_t \varepsilon_t' \tag{4.39}$$

同理，在 DCC 模型中，以“相关系数为目标”（correlation targeting），得到式（4.23）中 $\bar{Q}$ 的估计量为：

$$\hat{\bar{Q}} = \frac{1}{T}\sum_{t=1}^{T} \hat{u}_t \hat{u}_t' \tag{4.40}$$

其中，$\hat{u}_t = D_t^{-1}(\hat{\psi}) e_t$。这时的估计方法不再是一般意义的拟最大似然法，而被记为基于矩的拟极大似然估计（MMLE）。

4.3 高维 GARCH 模型的估计

我们知道，在高维情况下，用一般的最大拟似然方法估计 GARCH 模型会产生较为严重的偏误。对应于高维 GARCH 模型估计中的难题，学者们做出了突破性的贡献。首先，针对待估参数过多的问题，恩格尔和马兹里奇（1996）首先提出盯住波动（volatility targeting）方法，恩格尔（2002）则将其扩展至多变量模型，其基本思想是将包含了大量冗余参数的模型截距项表示成无条件协方差矩阵的变形，而由于无条件协方差矩阵避免了时变性考虑，其可以用矩估计量进行替代，因此可将模型聚焦于核心参数的估计。其次，针对需要多次对高阶矩求逆的问题，派克等（2017）提出复合似然（composite likelihood）法，主张通过加总资产子集似然值的方法避免对维数过高的矩阵求逆。

理论上，将 CL 和 MMLE 结合能解决最大拟似然估计中存在的两大难题，从而使高维条件协方差矩阵的有效估计成为可能，但由于初始高维样本协方差或相关系数矩阵的估计不具有一致性，即由式（4.39）、式（4.40）分别得到的 $\bar{H}$ 和 $\bar{Q}$ 的估计量都不具有一致性，最终仍然导致结果无效。在上述文献的基础上，学者（Engle et al.，2019）提出将非线性压缩运用到 DCC 模型的拟最大似然估计（Quasi – Maximum Likelihood Estimation，QMLE）中，同时融入盯住波动和复合似然思想，得到有效的高维条件协方差矩阵估计量（DCC – NL），并通过模拟和实证研究说明其样本外表现优于普通的 DCC 和线性压缩 DCC（DCC – L）。只要能一致估计出无条件的高维协方差矩阵 $\bar{H}$ 或高维相关系数矩阵 $\bar{Q}$，并替代初始的样本协方差矩阵或相关系数矩阵，则能使得高维情况下，GARCH 模型的有效估计成为可能。也就是说，我们将估计高维 GARCH 模型的核心问题转化成了估计高维协方差矩阵或高维相关系数矩阵，而这可用第二部分介绍的主成分正交补估计法或第三部分介绍的压缩估计法进行估计。下面以 DCC 模型为例进行说明。

4.3.1 主成分正交补估计 DCC（DCC – POET）

对于式（4.21）~式（4.23）的 DCC 模型，DCC – POET 估计包含以下 8 步：

（1）基于单变量 GARCH 模型，估计每个资产收益 e_i 的条件方差 h_{iit}，从而得到去波动的资产收益 $u_{it} = e_{it}/\sqrt{h_{iit}}$；

（2）计算去波动资产收益 u_{it} 的样本协方差矩阵 S；

（3）将 S 进行谱分解：

$$S = \sum_{j=1}^{K} \lambda_j \xi_j \xi_j' + S_e \tag{4.41}$$

其中，$S_e = \sum_{j=K+1}^{N} \lambda_j \xi_j \xi_j' = (s_{e,i,j})$，$\lambda_j$ 为 S 的第 j 个最大的特征值，ξ_j 为对应的特征向量；

（4）定义

$$\hat{\Sigma}_e = (\hat{\sigma}_{e,ij})_{N\times N}, \quad \hat{\sigma}_{e,ij} = \begin{cases} s_{e,ij}, & i=j; \\ h(s_{e,ij};\ \tilde{\omega}_{T,ij}), & i \neq j. \end{cases} \tag{4.42}$$

其中阈值函数 $h(\cdot)$ 满足 Fan 等（2016a）总结的三个条件，即提供压缩、阈值效应、限制压缩的程度，阈值参数 $\tilde{\omega}_{T,ij} = \sqrt{s_{e,ii}s_{e,jj}}\,\tilde{\omega}_T$，$\tilde{\omega}_T = C\left(\sqrt{\frac{\log N}{T}} + \frac{1}{\sqrt{N}}\right)$；

（5）得到 u_{it} 的无条件协方差矩阵 $\bar{Q}$ 的主成分正交补（POET）估计量为：

$$\tilde{\bar{Q}} = \sum_{j=1}^{K} \lambda_j \xi_j \xi_j' + \hat{\Sigma}_e \tag{4.43}$$

其中，因子个数 K 可由 2.2.1 部分介绍的因子个数估计方法进行估计；

（6）通过式（4.22），将 $\bar{Q}$ 的估计量 $\tilde{\bar{Q}}$ 转换成对角元素全为 1 的相关系数矩阵；

（7）通过最大化以下 2MSCLE 复合似然函数，求得动态相关参数 $\phi = (\alpha, \beta)$ 的估计量：

$$\mathrm{CL}(\phi) = \sum_{t=1}^{T} \frac{1}{M} \sum_{j=1}^{M} -\frac{1}{2}(\log|R_{jt}| + Y_{jt}' R_{jt}^{-1} Y_{jt} - Y_{jt}' Y_{jt}) \tag{4.44}$$

其中，$Y_{jt} = S_j u_t$，$R_{jt} = S_j R_t S_j'$，S_j 为一个 $2 \times N$ 的非随机选择矩阵，$M = N(N-1)/2$；

（8）将第（7）步求得的条件相关系数矩阵 R_t 与第（1）步求得的资产波动 D_t 组合，得到 T 个 $N \times N$ 维的条件协方差矩阵 H_t，$t = 1, 2, \cdots, T$。

4.3.2 压缩估计 DCC（DCC-NL）

DCC-NL 估计与 DCC-POET 估计非常类似，也包含以下 8 步：

（1）基于单变量 GARCH 模型，估计每个资产收益 e_i 的条件方差 h_{iit}，从而得到去波动的资产收益 $u_{it} = e_{it} / \sqrt{h_{iit}}$；

（2）计算去波动资产收益 u_{it} 的样本协方差矩阵 S；

（3）将 S 进行谱分解，得到 S 的第 j 个最大特征值 λ_j，及其对应特征向量 ξ_j；

（4）定义 $\Lambda^{N,T}(\cdot)$ 函数，如下：

$$\begin{aligned}\Lambda^{N,T}(\tau) &:= (\Lambda_1^{N,T}(\tau), \cdots, \Lambda_N^{N,T}(\tau)) = (\mathbb{E}[\lambda_1], \cdots, \mathbb{E}[\lambda_N]) \\ &= (\mathbb{E}[\xi_1' S \xi_1], \cdots, \mathbb{E}[\xi_N' S \xi_N])\end{aligned} \tag{4.45}$$

通过 $\Lambda^{N,T}(\cdot)$ 函数，由样本特征值 λ_j，估计总体特征值 τ_j；具体地，

$$\hat{\tau} := \underset{t \in [0, +\infty)^N}{\operatorname{argmin}} \frac{1}{N} \sum_{i=1}^{N} (\Lambda_i^{N,T}(t) - \lambda_i)^2 \tag{4.46}$$

（5）定义 $\Phi^{N,T}(\cdot)$ 函数，如下：

$$\begin{aligned}\Phi^{N,T}(\tau) &:= (\Phi_1^{N,T}(\tau), \cdots, \Phi_N^{N,T}(\tau)) = (\mathbb{E}[\phi_1], \cdots, \mathbb{E}[\phi_N]) \\ &= (\mathbb{E}[\xi_1' \bar{Q} \xi_1], \cdots, \mathbb{E}[\xi_N' \bar{Q} \xi_N])\end{aligned} \tag{4.47}$$

通过 $\Phi^{N,T}(\cdot)$ 函数，由总体特征值的估计量 $\hat{\tau}_j$，估计压缩特征值 ϕ_j，进而，得到 $\bar{Q}$ 的非线性压缩估计量

$$\hat{\bar{Q}} = \sum_{j=1}^{N} \phi_j \xi_j \xi_j' \tag{4.48}$$

（6）通过式（4.22），将 $\bar{Q}$ 的估计量 $\tilde{\bar{Q}}$ 转换成对角元素全为1的相关系数矩阵；

（7）通过最大化2MSCLE复合似然函数，求得动态相关参数 $\phi=(\alpha, \beta)$ 的估计量；

（8）将第（7）步求得的条件相关系数矩阵 R_t 与第（1）步求得的资产波动 D_t 组合，得到 T 个 $N\times N$ 维的条件协方差矩阵 H_t，$t=1, 2, \cdots, T$。

容易看出，DCC－POET 和 DCC－NL 估计只有第（4）（5）步不同，这是因为这两种估计方法只在估计无条件协方差矩阵上存在差异，而估计DCC模型部分的思路是完全一致的。

4.4 高维GARCH模型估计的Monte Carlo模拟

这一部分，我们将通过 Monte Carlo 仿真模拟比较非线性压缩、线性压缩对 DCC、BEKK 模型，以及非线性压缩对线性压缩估计的改善。我们研究的方法包括：DCC 估计，DCC 单位阵线性压缩（DCC－I）估计，DCC 非线性压缩（DCC－NL）估计，BEKK 估计，BEKK 单位阵线性压缩（BEKK－I）估计，BEKK 非线性压缩（BEKK－NL）估计。恩格尔等（2008）的模拟实验发现复合拟最大似然（CL）方法中，子集的选择方式对于结果的影响不显著。毗邻配对（$M=N$）相对于穷尽所有可能配对（$M=N(N-1)/2$）表现几乎同样好，却大大减少了计算量。因此，对所有这些模型，我们都采用毗邻配对的 CL 方法进行估计。

为了使结果更有效，针对 DCC 和 BEKK 模型，我们参考恩格尔等（2008）Monte Carlo 模拟实验中的参数设置，分别设计了两组数据生成过程（DGP）。对于 DCC 模型，真实的 DGP 为：$e_{it}=u_{it}\sqrt{h_{iit}}$。其中，

$$h_{iit}=\omega_i+\alpha_i\varepsilon_{i,t-1}^2+\beta_i h_{ii,t-1} \tag{4.49}$$

$u_t = R_t^{1/2}\varepsilon_t$，$u_t$ 和 ε_t 分别为 u_{it} 和 ε_{it} 构成的 $N\times1$ 维向量，$\varepsilon_{it}\sim N(0,\ 1)$。相关系数矩阵 R_t 则由下式得到：

$$R_t = \mathrm{diag}(q_{11t}^{-1/2}\cdots q_{NNt}^{-1/2})Q_t\mathrm{diag}(q_{11t}^{-1/2}\cdots q_{NNt}^{-1/2}) \tag{4.50}$$

$$Q_t = (1-\alpha-\beta)\bar{Q} + \alpha u_{t-1}u'_{t-1} + \beta Q_{t-1} \tag{4.51}$$

其中，$Q_t = (q_{ijt})$。我们假定 $(\alpha_i,\ \beta_i) = (0.05,\ 0.9)(i=1,\ \cdots,\ N)$，$\omega_i = (1-\alpha_i-\beta_i)\sigma_i^2$，$(\alpha,\ \beta) = (0.05,\ 0.93)$，并令 $Q_0 = \bar{Q}$。$\bar{Q}$ 和 σ_i^2 是根据2005～2014 年 NASDAQ 和 NYSE 所有上市股票日回报率数据估计的样本相关系数矩阵和样本方差。对于 BEKK 模型，我们假定真实的 DGP 为：$e_t = H_t^{1/2}\varepsilon_t$。其中，

$$H_t = (1-\alpha-\beta)\Sigma + \alpha e_{t-1}e'_{t-1} + \beta H_{t-1} \tag{4.52}$$

同样设定 $(\alpha,\ \beta) = (0.05,\ 0.93)$，而 Σ 是根据 2005～2014 年 NASDAQ 和 NYSE 所有上市股票日回报率数据估计的样本协方差矩阵，并令 $\mathrm{H}_0 = \Sigma$，$e_0 = H_0^{1/2}\varepsilon_0$，且对所有 $i=1,\ \cdots,\ N$，$t=0,\ \cdots,\ T$，都有 $\varepsilon_{it}\sim N(0,\ 1)$。

对于两组实验，我们考虑同样的横截面维度和时间维度，分别为：$N=30$，50，100，250，500，$T=100$，250，500，1000，Monte Carlo 模拟重复次数都为 $S=100$。我们将通过平均损失的相对改善（PRIAL）来比较组内各方法估计条件协方差矩阵的准确性，其定义为：

$$\mathrm{PRIAL}(\mathcal{L}_{\hat{H}}) = 100\times\left\{1-\frac{\frac{1}{S}\sum_{s=1}^{S}(\mathcal{L}_{\hat{H}}-\mathcal{L}_{H^0})}{\frac{1}{S}\sum_{s=1}^{S}(\mathcal{L}_{\widehat{H^*}}-\mathcal{L}_{H^0})}\right\}\% \tag{4.53}$$

$\mathcal{L}.$ 为损失函数，H^0 为真实的总体条件协方差矩阵，$\widehat{H^*}$ 则为被比较标尺。若 $\mathrm{PRIAL}(\mathcal{L}_{\hat{H}})>0$，说明估计量 $\hat{H}$ 比 $\widehat{H^*}$ 更接近真实值，因此得到 $\hat{H}$ 的估计方法优于得到 $\widehat{H^*}$ 的估计方法。在两组实验中，我们先分别选择 DCC 和 BEKK 估计所得条件协方差矩阵作为被比较标尺，将非线性和线性压缩估计量与之比较；然后，我们以 DCC－I 和 BEKK－I 为标尺，将非线性压缩方法，即 DCC－NL 和 BEKK－NL，与之比较。

鉴于我们的最终目的是尽可能准确地估计条件协方差矩阵，从而构建最优资产组合，选择勒多伊特和沃尔夫（2014b）用到的损失函数将最为适合：

$$\mathcal{L}_{\hat{H}} = \frac{1}{T}\sum_{t=1}^{T}\frac{N \times \text{trace}(\hat{H}_t^{-1}H_t^0\hat{H}_t^{-1})}{[\text{trace}(\hat{H}_t^{-1})]^2} \tag{4.54}$$

一方面，值得注意的是，不同于恩格尔等（2008）、哈夫纳和列兹尼科娃（2012）Monte Carlo 实验中通过参数的偏误（BIAS）和均方误差（RMSE）来比较不同方法的估计表现，我们主要通过式（4.54）的损失函数来对不同方法的表现进行比较。这是因为压缩方法仅作用于无条件协方差矩阵的估计，而没有修正参数估计偏误的作用，因此，理论上，压缩方法的优势会体现在损失函数值的减小，而不是 BIAS 和 RMSE 的减小。但另一方面，由于 DCC 和 BEKK 两组实验设计的真实 DGP 不同，真实的总体协方差矩阵也不同，比较两组方法的损失函数或 PRIAL 都缺乏意义，因此，我们将通过两组实验估计参数的 BIAS 和均方误差 RMSE 对两组方法进行总体上的比较，其定义如下：

$$\text{BIAS}(\hat{\phi}) = \frac{1}{S}\sum_{s=1}^{S}(\hat{\phi}_s - \phi^0) \tag{4.55}$$

$$\text{RMSE}(\hat{\phi}) = \sqrt{\frac{1}{S}\sum_{s=1}^{S}(\hat{\phi}_s - \phi^0)^2} \tag{4.56}$$

其中，$\hat{\phi}=(\hat{\alpha}, \hat{\beta})$，$\phi^0$ 为真实的（α，β）参数。

图 4－1 和图 4－2 分别为 DCC 组和 BEKK 组模拟的最终结果，其中点线和虚线分别表示非线性压缩和线性压缩相对标准模型的 PRIAL，实线则表示非线性压缩相对线性压缩的 PRIAL。可以得到如下结论：

（1）无论对于 DCC 模型还是 BEKK 模型，压缩估计量的表现一致优于标准模型。DCC－NL 和 DCC－I 相对 DCC 的 PRIAL、BEKK－NL 和 BEKK－I 相对 BEKK 的 PRIAL 都恒大于零，且都随着横截面维度与时间维度的比值增大到 1 而趋于增加到 100%。$T=100$ 时，随着横截面维度 N 从 30 增加到 100，DCC－NL 和 DCC－I 相对 DCC、BEKK－NL 和 BEKK－I 相对 BEKK 的 PRIAL 都从约 30% 增长到接近 100%。$T=250$ 时，随着横截面维度 N 从 30 增加到 250，相应的 PRIAL 都从约 10% 增长到接近 100%。$T=500$ 时，随着横截面维度 N 从 30 增加到 500，相应的 PRIAL 都从约 5% 增长到接近 100%。

（2）对于 DCC 模型和 BEKK 模型，都表现出非线性压缩优于线性压

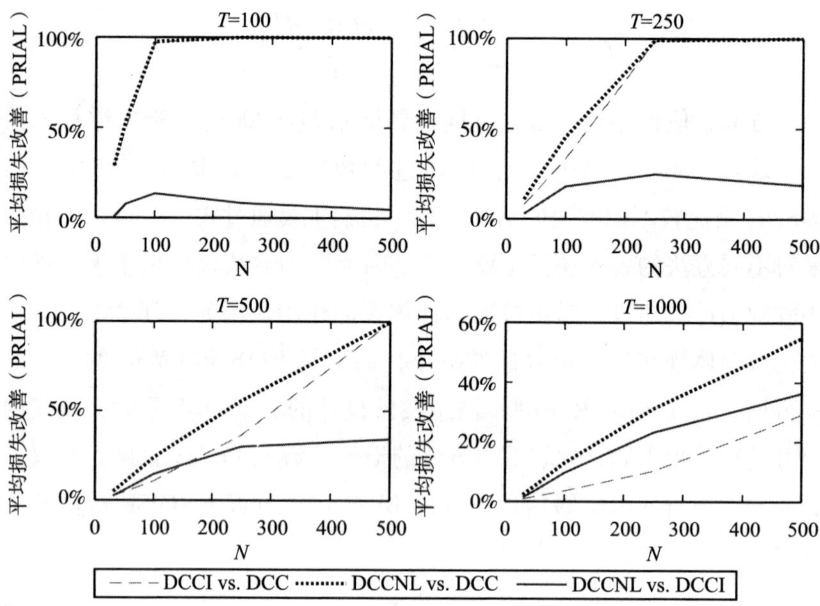

图 4－1　DCC－I、DCC－NL 相对 DCC，DCC－NL 相对 DCC－I 的平均损失改善（PRIAL）

注：横轴为横截面维度 N，纵轴为平均损失的相对改善（PRIAL）。

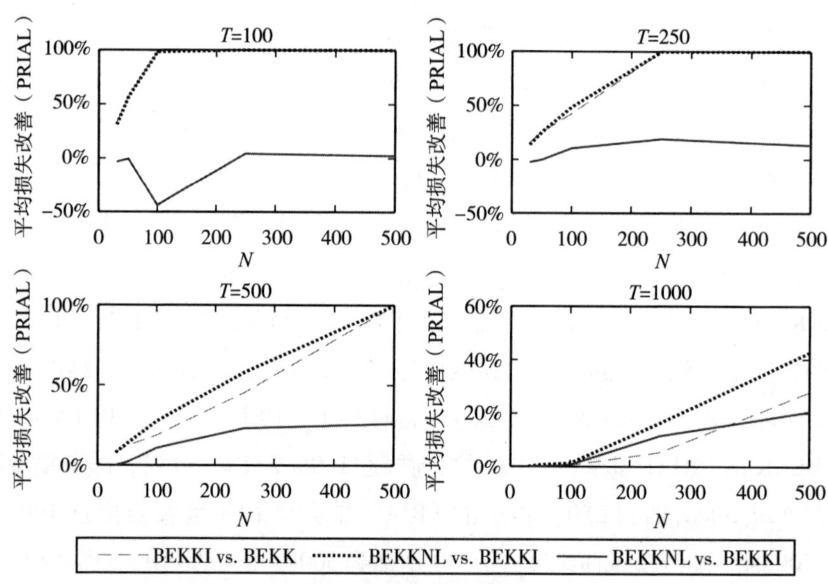

图 4－2　BEKK－I、BEKK－NL 相对 BEKK，BEKK－NL 相对 BEKK－I 的平均损失改善（PRIAL）

注：横轴为横截面维度 N，纵轴为平均损失的相对改善（PRIAL）。

缩估计的特征。首先，比较非线性压缩相对线性压缩的 PRIAL，我们发现：DCC－NL 相对 DCC－I 的 PRIAL 恒大于零，且当 $N \leqslant T$ 时，这一 PRIAL 值随着横截面维度的增加而增大，说明在大横截面维度下，非线性压缩相对线性压缩的优势更为明显。当 $N > T$ 时，DCC－NL 相对 DCC－I 的 PRIAL 虽然相对有所下降，但仍显著大于零。在 BEKK 模型中，虽然非线性压缩相对线性压缩的优势不如在 DCC 模型中明显，但整体上，仍可发现非线性压缩方法的优越性。除了 $T = 100$，$N = 100$ 等少数组合，非线性压缩方法相对线性压缩的 PRIAL 在多数情况下都大于零，且随着横截面维度的增加而增大。其次，比较非线性压缩和线性压缩分别相对标准模型的 PRIAL，我们发现：对于 DCC 组和 BEKK 组，点线都几乎总是高于虚线，这说明，非线性压缩相对标准模型的 PRIAL 几乎处处大于线性压缩相对标准模型的 PRIAL，从而进一步说明非线性压缩相对线性压缩存在一致优势。

（3）非线性压缩方法相对于标准模型和相对线性压缩估计的优势都在 DCC 模型中表现得更为显著。一方面，$T = 1000$ 时，随着横截面维度 N 从 30 增加到 500，DCC－NL 相对 DCC 的 PRIAL 从约 2% 增长到超过 50%，而 BEKK－NL 相对 BEKK 的 PRIAL 从接近 0 增长到略高于 40%，这说明非线性压缩方法对于标准模型的优化作用在 DCC 模型中比 BEKK 模型中更为显著。另一方面，在 DCC 模型中，非线性压缩相对线性压缩的 PRIAL 一致高于同样横截面维度和时间维度条件下 BEKK 模型相应的 PRIAL。

最后，为节省篇幅，我们在表 4－1 和表 4－2 中仅给出 $T = 1000$ 时，两组实验估计参数的 BIAS 和 RMSE 作为比较两组实验估计精度的参考指标。不难发现，两组实验对参数的估计都一致性地产生轻微的负偏误，这与恩格尔和谢泼德（2001）的发现相符。另一方面，我们发现，DCC 组的 BIAS 和 RMSE 都大大低于 BEKK 组，这说明 DCC 对于参数 α 和 β 的估计更为准确。最后，非线性和线性压缩方法都没有显著降低参数估计的 BIAS 和 RMSE，这说明压缩方法没有修正参数估计偏误的作用，考虑到压缩方法仅作用于初始协方差矩阵的估计，这一结论与理论预期相符。

表4-1　DCC、DCC-I、DCC-NL、BEKK、BEKK-I、BEKK-NL 六种估计方法的 BIAS

BIAS						
$T=1000$	DCC		DCC-I		DCC-NL	
N	α	β	α	β	α	β
30	-0.0015	-0.0012	-0.0014	-0.0012	-0.0014	-0.0012
50	-0.0018	-0.0002	-0.0017	-0.0002	-0.0017	-0.0001
100	-0.0015	-0.0006	-0.0014	-0.0005	-0.0014	-0.0005
250	-0.0017	-0.0008	-0.0016	-0.0007	-0.0016	-0.0007
500	-0.0016	-0.0009	-0.0015	-0.0008	-0.0014	-0.0008
$T=1000$	BEKK		BEKK-I		BEKK-NL	
N	α	β	α	β	α	β
30	-0.0107	-0.9300	-0.0108	-0.9300	-0.0108	-0.9300
50	-0.0109	-0.9300	-0.0109	-0.9300	-0.0109	-0.9300
100	-0.0112	-0.9300	-0.0112	-0.9300	-0.0112	-0.9300
250	-0.0107	-0.9300	-0.0107	-0.9300	-0.0107	-0.9300
500	-0.0274	-0.9254	-0.0278	-0.9253	-0.0298	-0.9246

表4-2　DCC、DCC-I、DCC-NL、BEKK、BEKK-I、BEKK-NL 六种估计方法的 RMSE

RMSE						
$T=1000$	DCC		DCC-I		DCC-NL	
N	α	β	α	β	α	β
30	0.0043	0.0059	0.0043	0.0059	0.0043	0.0059
50	0.0038	0.0049	0.0038	0.0049	0.0038	0.0049
100	0.0031	0.0038	0.0031	0.0037	0.0031	0.0037
250	0.0035	0.0041	0.0034	0.0041	0.0034	0.0041
500	0.0031	0.0037	0.0031	0.0037	0.0031	0.0036
$T=1000$	BEKK		BEKK-I		BEKK-NL	
N	α	β	α	β	α	β
30	0.0113	0.9300	0.0113	0.9300	0.0113	0.9300
50	0.0113	0.9300	0.0113	0.9300	0.0113	0.9300

续表

RMSE						
$T=1000$	BEKK		BEKK-I		BEKK-NL	
N	α	β	α	β	α	β
100	0.0115	0.9300	0.0115	0.9300	0.0115	0.9300
250	0.0111	0.9300	0.0111	0.9300	0.0111	0.9300
500	0.0333	0.9254	0.0337	0.9253	0.0354	0.9247

4.5 本章总结

考虑到资产收益波动的时变性，条件协方差矩阵对于样本外协方差矩阵的预测效果一般显著优于无条件的协方差矩阵。一方面，本章对多元广义自回归条件异方差（GARCH）模型进行研究，系统地梳理了由单元GARCH模型直接泛化形成的多元模型以及由单元GARCH模型进行非线性组合形成的多元模型，前者主要包括VEC、BEKK、FLEXM、F-GARCH和O-GARCH模型，后者则包括CCC和DCC模型。

另一方面，本章详细介绍了普通多元GARCH模型最常用的估计方法——拟极大似然估计，并重点介绍了DCC模型的两步法拟极大似然估计，即将波动参数和相关系数参数分离，然后相继进行最大化估计。值得注意的是，由于实际金融数据一般都不符合新息的正态性假定，我们还考虑了新息服从学生分布时的最大似然函数。

由于本论文的核心是研究高维协方差矩阵和高维条件协方差矩阵的估计，本章的另一个重点就是讨论如何将估计普通多元GARCH模型的方法扩展到估计高维多元GARCH模型。具体来看，高维GARCH模型的估计主要存在两个难题：其一，是计算样本拟似然函数时需要多次对高维矩阵求逆；其二，是当横截面维度过高时，待估参数过多。针对前一个难题，恩格尔等（2008）提出复合拟最大似然法（CL），能有效的解决问题；针对第二个难题，比较常见的解决方法是运用基于矩的拟极大似然估计（MMLE），但这一方法需要以有效估计无条件的协方差矩阵为前提。

本章的创新之处在于将上两章介绍的估计无条件协方差矩阵的方法——因子模型和压缩方法运用到高维 GARCH 模型的估计中，于是产生了主成分正交补估计 GARCH 模型和压缩估计 GARCH 模型，本章重点介绍了 DCC - POET 和 DCC - NL 模型。通过 Monte Carlo 仿真模拟实验，我们比较了非线性压缩、线性压缩对 DCC 和 BEKK 模型，以及非线性压缩对线性压缩方法表现的改善。我们发现，一方面，对于 DCC 和 BEKK 都有：非线性压缩一致优于线性压缩，线性压缩一致优于标准模型，且非线性压缩对于线性压缩和标准模型的优化程度都随着横截面维度和时间维度的比值增大而增加。另一方面，DCC 表现优于 BEKK，且非线性压缩方法对于模型效率的优化程度，DCC 也高于 BEKK。

第5章 基于高频数据估计收益率的波动

在构建高维资产组合时，为了更充分地利用近期数据的信息，众多学者开始将研究对象从日度收益率数据转向日内高频交易数据。安德森和波勒斯列夫（Andersen and Bollerslev，1998）首先提出以日内高频收益率平方和计算的已实现方差（Realized Variance）作为真实积分方差（Integrated Variance）的估计量。但随着抽样频率的增加，市场微观结构噪声问题越来越显著，已实现方差不再是积分方差的一致估计量。针对微观结构噪声问题，学者们提出了多种方法改进已实现方差，如稀疏抽样（Andersen et al.，2003），子抽样（Zhang et al.，2005），已实现核估计（Barndorff－Nielsen et al.，2008），预平均已实现方差（Jacod et al.，2009；Podolskij and Vetter，2009；Christensen et al.，2010），拟最大似然估计（Aït－Sahalia et al.，2010）等。国内一部分学者对高频数据方差矩阵的不同测度进行了较为全面的比较分析，并通过数值模拟和实证分析说明了纠偏降噪的必要性，如赵树然等（2015）、韩清和刘永刚（2009）；另一部分学者则基于已实现方差研究我国股市波动的特性，如黄后川和陈浪南（2003）。

5.1 市场微观结构噪声及其影响

假定在交易日 t 某资产在时点 τ 的对数价格 $X(t+\tau)$ 遵循如下连续时间的扩散过程：

$$dX(t+\tau)=\mu(t+\tau)d\tau+\sigma(t+\tau)dW(t+\tau) \tag{5.1}$$

其中，$\mu(t+\tau)$ 为漂移项，$\sigma(t+\tau)$ 为瞬时波动率（标准差），$W(t+\tau)$

为标准布朗运动，$\tau \in [0, 1]$，$t=1, 2, \cdots, T$。则交易日 t 的积分方差（Integrated Variance）和积分四次方（Integrated Quarticity）分别为：

$$IV_t = \int_0^1 \sigma^2(t+\tau-1)ds \tag{5.2}$$

$$IQ_t = \int_0^1 \sigma^4(t+\tau-1)ds \tag{5.3}$$

假定逐笔交易数据可观测，设在交易日 t 观测到的第 i 笔交易价格的对数为 $Y_{t,i}$，$t=1, 2, \cdots, T$，$i=1, 2, \cdots, n_t$。令 $r_{t,i}=Y_{t,i}-Y_{t,i-1}$，则交易日 t 的对数收益率为 $r_t = \sum_{i=1}^{n_t} r_{t,i}$，其平方可写为

$$r_t^2 = (\sum_{i=1}^{n_t} r_{t,i})^2 = \sum_{i=1}^{n_t} r_{t,i}^2 + 2\sum_{i=1}^{n_t-1}\sum_{j=i+1}^{n_t} r_{t,i}r_{t,j} \tag{5.4}$$

已实现方差则为

$$RV_t = \sum_{i=1}^{n_t} r_{t,i}^2 \tag{5.5}$$

由于 $r_{t,i}$ 存在自相关性，即 $\text{cov}(r_{t,i}r_{t,j}) \neq 0$（$i \neq j$），所以上式定义的已实现方差是潜在的真实日方差的有偏估计量。而如果没有微观结构噪声，RV_t 是（5.2）式所定义积分方差的一致估计量，即 $RV_t \xrightarrow{p} IV_t$（Andersen et al.，2003）。巴恩多夫 - 尼尔森和谢泼德（2002）推导出已实现方差的渐近分布：

$$n_t^{1/2}\frac{1}{\sqrt{2IQ_t}}(RV_t - IV_t) \xrightarrow{d} N(0, 1) \tag{5.6}$$

其中，IQ_t 可由已实现二次变差 $RQ_t = \frac{n_t}{3}\sum_{i=1}^{n_t} r_{t,i}^4$ 一致估计。

但价格的离散性及市场交易机制的性质决定了高频数据不可避免地存在市场微观结构噪声。假设观测值 $Y_{t,i}$ 包含了有效值 $X_{t,i}$ 和微观结构噪声 $\epsilon_{t,i}$，则观测的收益率 $r_{t,i}=r_{t,i}^*+v_{t,i}$，其中 $r_{t,i}^*=X_{t,i}-X_{t,i-1}$ 为有效收益率，$v_{t,i}=\epsilon_{t,i}-\epsilon_{t,i-1}$ 由噪声带来。此时，已实现方差可表述为

$$RV_t = \sum_{i=1}^{n_t}(r_{t,i}^*)^2 + 2\sum_{i=1}^{n_t} r_{t,i}^* v_{t,i} + \sum_{i=1}^{n_t} v_{t,i}^2 \tag{5.7}$$

由上式容易得到

$$E(RV_t) = RV_t^* + 2n_t E(\epsilon_{t,i}^2) \tag{5.8}$$

由于 $E(\epsilon_{t,i}^2)\neq 0$，因此存在微观结构噪声时，$RV_t$ 是积分方差 IV_t 的有偏估计量。

假设 5.1 （IID 微观结构噪声）

（1）微观结构噪声 $\epsilon_{t,i}$ 为独立同分布的随机变量，且均值为0；

（2）微观结构噪声 $\epsilon_{t,i}$ 与有效价格 $X_{t,i}$ 独立；

（3）$v_{t,i}=\epsilon_{t,i}-\epsilon_{t,i-1}$ 的方差为 $O(1)$ 过程。

在假设（5.1）下，张等（2005）证明了

$$n_t^{-1/2}[RV_t-IV_t-2n_tE(\epsilon_{t,i}^2)]\xrightarrow{d}2[E(\epsilon_{t,i}^4)]^{1/2}N(0,1) \tag{5.9}$$

由于存在买卖价差等微观结构噪声，高的抽样频率会使得已实现方差对真实收益率的波动产生大的偏差，且随着抽样频率的提高，市场微观结构噪声的影响会越来越显著。当 n_t 很大时，已实现方差RV_t 与真实的收益率 r_t 无关，而是随着抽样频率 n_t 增大而线性发散到无穷。张等（2005）进一步证明了

$$\frac{1}{2n_t}RV_t\xrightarrow{p}E(\epsilon_{t,i}^2) \tag{5.10}$$

$$\frac{1}{2n_t}\sum_{i=1}^{n_t}r_{t,i}^4-3\left(\frac{1}{2n_t}RV_t\right)^2\xrightarrow{p}E(\epsilon_{t,i}^4) \tag{5.11}$$

5.2 微观结构噪声的处理方法

5.2.1 稀疏抽样与子抽样

既然 n_t 过大导致基于逐笔交易的高频数据计算的已实现方差存在严重的偏误，那么一个直观的解决方法是降低抽样频率，如使用5分钟或15分钟数据，这一方法被称为稀疏抽样（sparse sampling）。抽样频率的降低一方面减少了微观结构噪声带来的偏差，但另一方面却会使已实现波动的方差增大，因此，在估计高频数据的已实现方差时，需要对方差和偏差进行权衡来选取最优的抽样频率。张等（2005）提出通过使均方误差（Mean

Square Error，MSE）最小化来得到最优的抽样频率。具体地，

$$\text{MSE}(n_t)=[2n_tE(\epsilon_{t,i}^2)]^2+4n_tE(\epsilon_{t,i}^4)+8RV_tE(\epsilon_{t,i}^2)-2\text{var}(\epsilon_{t,i}^2)+2n_t^{-1}IQ_t$$

其中，IQ_t 由（5.3）式给出。从而得到最优的抽样频率

$$n_t^*=\min_{n_t}MSE(n_t)\approx\left\{\frac{IQ_t}{4[E(\epsilon_{t,i}^2)]^2}\right\}^{1/3} \tag{5.12}$$

当存在微观结构噪声时，$E(\epsilon_{t,i}^2)$ 可由式（5.10）一致估计，但已实现二次变差 $RQ_t=\frac{n_t}{3}\sum_{i=1}^{n_t}r_{t,i}^4$ 不再是 IQ_t 的一致估计量。

张等（2005）指出即使通过式（5.12）选择了最优抽样频率，仍然未能实现高频数据信息的充分利用，且得到的估计量仍然是有偏且非一致的。为了减少稀疏抽样带来的信息损失，实现 IQ_t 的一致估计，张等（2005）进一步提出了子抽样（Subsampling）方法。该方法通过高频和低频两个时间尺度来计算已实现方差，因此将其所得积分方差的估计量称为双频估计量（Two Time Scales Estimator，TTSE）。具体地，设 $\Lambda_t=\{\tau_0, \tau_1, \cdots, \tau_{n_t}\}$ 包含了所有的观测时点，现将其划分为 K 个互不重叠的次网格 Λ_t^k，$k=1, \cdots, K$，使其满足 $\Lambda_t=\cup_{k=1}^K\Lambda_t^k$，且 $\Lambda_t^k\cap\Lambda_t^j=\varnothing(k\neq j)$，设每个网格中包含了 n_t^k 个观测值，则利用第 k 个网格计算的已实现方差为

$$RV_t^k=\sum_{i=1}^{n_t^k}r_{t,i}^2 \tag{5.13}$$

令 $\bar{n}_t=\frac{1}{K}\sum_{k=1}^K n_t^k=\frac{n_t-K+1}{K}$，则日度已实现方差的双频估计量为

$$RV_t^{\text{TTSE}}=\frac{1}{K}\sum_{k=1}^K RV_t^k-\frac{\bar{n}_t}{n_t}\sum_{i=1}^{n_t}r_{t,i}^2 \tag{5.14}$$

最小化 MSE 可得到最优的 $\bar{n}_t$：

$$\bar{n}_t^*=\left\{\frac{IQ_t}{6[E(\epsilon_{t,i}^2)]^2}\right\}^{1/3} \tag{5.15}$$

从而得到最优的次网格数 $K^*\approx n_t/\bar{n}_t^*$。

在假设（5.1）下，张等（2005）证明了

$$n_t^{1/6}[RV_t^{\text{TTSE}}-IV_t]\xrightarrow{d}\left\{8c^{-2}[E(\epsilon_{t,i}^2)]^2+\frac{4}{3}cIQ_t\right\}^{1/2}N(0, 1) \tag{5.16}$$

在观测值相隔时间相等的情况下，最小化式（5.16）的期望渐近方差，可

得最优的参数 c 取值为 $c^* = \left\{\frac{IQ_t}{12[E(\epsilon_{t,i}^2)]^2}\right\}^{-1/3}$。张等（2005）还给出了日度已实现方差小样本调整的双频估计量为

$$RV_t^{\mathrm{ATTSE}} = \left(1 - \frac{\bar{n}_t}{n_t}\right)^{-1} RV_t^{\mathrm{TTSE}} \tag{5.17}$$

5.2.2 已实现核估计

由于在存在微观结构噪声的情况下，要实现积分方差的一致估计，本质上类似于估计平稳随机过程的长期方差时考虑时间序列数据的自相关性，因此，自然地，长期方差的核估计可以扩展到高频数据已实现方差的估计中，从而得到积分方差的已实现核估计量（Kernel Realized Estimator）。巴恩多夫－尼尔森等（2008）提出如下平顶已实现核估计量：

$$RV_t^{\mathrm{BHLS}} = \sum_{i=1}^{n_t} r_{t,i}^2 + \sum_{h=1}^{H} k\left(\frac{h-1}{H}\right)(\hat{\gamma}_h + \hat{\gamma}_{-h}) \tag{5.18}$$

其中，

$$\hat{\gamma}_h = \frac{n_t}{n_t - h} \sum_{j=1}^{n_t-h} r_{t,j} r_{t,j+h} \tag{5.19}$$

非随机权重函数 $k(x)$，$x \in [0,\ 1]$，满足 $k(0)=1$，$k(1)=0$。巴恩多夫－尼尔森等（2008）证明了当 n_t，$H \to \infty$，且 $H/n_t \to 0$ 时，

$$(n_t/H)^{1/2}\{(RV_t^{\mathrm{BHLS}} - IV_t) \xrightarrow{d} MN(0,\ 4IQ_t\int_0^1 k(x)^2 dx) \tag{5.20}$$

且发现当 $H = cn_t^{2/3}$ 时，有

$$n_t^{1/6}\{RV_t^{\mathrm{BHLS}} - IV_t\} \xrightarrow{d} MN(0,\ 4IQ_t\{c\int_0^1 k(x)^2 dx + c^{-2}[k'(0)^2 + k'(1)^2][E(\epsilon_{t,i}^2)]^2\})$$

其中，常数 c 的最优取值为 $k(x)$ 的函数，最小化估计量的方差，可得到最优的 c 为

$$c^* = \left\{\frac{2[k'(0)^2 + k'(1)^2]}{\int_0^1 k(x)^2 dx}\right\}^{1/3} \frac{[E(\epsilon_{t,i}^2)]^{2/3}}{IQ_t^3}$$

进一步，如果 $k'(0)=0$，$k'(1)=0$，令 $H = cn_t^{1/2}$，则估计量以 $n_t^{1/4}$ 的收敛速

率收敛到混合正态分布。除此以外，巴恩多夫－尼尔森等（2008）比较了多种核函数的有限样本表现，发现核函数 $k(x)=\frac{1}{2}[1-\cos\pi(1-x)^2]$ 最为有效。

5.2.3 预平均估计

波多斯基和维特尔（Podolskij and Vetter，2009）提出利用预平均（Pre-averaging）方法估计已实现方差。预平均方法的思想是首先将观测到的 n_t 个资产价格（对数）划分为 K 个区间，然后利用每个区间中相隔 l 的资产价格观测值计算对应的收益率，最后求 K 个区间的平均值。雅科德等（Jacod et al.，2009）在此基础上进行改进，提出了以移动窗宽为权重的加权平均法，从而提高了已实现方差预平均估计量的有效性。其得到的已实现方差估计量为：

$$RV_t^{\text{Prea}}=\frac{n_t}{K_n(n_t-K_n+2)\int_0^1\{g(\tau)\}^2d\tau}\sum_{i=0}^{n_t-K_n+1}\left(\sum_{j=1}^{K_n-1}g\left(\frac{j}{K_n}\right)r_{t,i+j}\right)^2 \tag{5.21}$$

其中，K_n 为带宽参数，权重核函数 $g(\cdot)$ 连续，分段连续可微，且满足 $g(0)=g(1)=0$，$\int_0^1\{g(\tau)\}^2d\tau>0$。

假定 $E(\epsilon_{t,i}^4)<\infty$，$\frac{K_n}{\sqrt{n_t}}=\theta+o(n_t^{-1/4})$，$\theta\in(0,\infty)$，克里思滕森等（Christensen et al.，2010）证明了：

$$RV_t^{\text{Prea}}\xrightarrow{p}IV_t+\frac{\int_0^1\{g'(\tau)\}^2d\tau}{\theta^2\int_0^1\{g(\tau)\}^2d\tau}E(\epsilon_{t,i}^2) \tag{5.22}$$

假定 $E(\epsilon_{t,i}^8)<\infty$，$\frac{K_n}{\sqrt{n_t}}=\theta+o(n_t^{-1/4})$，$\theta\in(0,\infty)$，则

$$n_t^{1/4}[RV_t^{\text{Prea}}-IV_t]\xrightarrow{d}MN(0,\ avar^{\text{Prea}}) \tag{5.23}$$

假定 $E(\epsilon_{t,i}^4)<\infty$，$\frac{K_n}{n_t^{1/2+\delta}}=\theta+o(n_t^{-1/4+\delta/2})$，$\theta\in(0,\infty)$，$\delta\in\left(0,\frac{1}{2}\right)$，则：

$$RV_t^{\text{Prea}}\xrightarrow{p}IV_t \tag{5.24}$$

假定 $E(\epsilon_{t,i}^{8})<\infty$，$\frac{K_n}{n_t^{1/2+\delta}}=\theta+o(n_t^{-1/4+\delta/2})$，$\theta\in(0,\ \infty)$，$\delta\in(0.1,\ 0.5)$，则：

$$n_t^{1/4-\delta/2}[RV_t^{\text{Prea}}-IV_t]\xrightarrow{d}MN(0,\ avar_\delta^{\text{Prea}}) \tag{5.25}$$

5.3 本章总结

本章系统地梳理了一维数据的高频波动理论。对于一维的高频数据，市场微观结构噪声是影响其二次变差有效估计的最重要因素。随着抽样频率的增加，市场微观结构噪声的影响越来越显著，基于逐笔交易价格估计的已实现方差不仅是有偏的而且是不一致的。当抽样频率足够大时，已实现方差甚至与真实收益的波动无关，而完全由微观结构噪声的方差决定。

稀疏抽样法一方面通过降低抽样频率来减弱微观结构噪声的影响，从而减少已实现方差对积分方差的偏误。但另一方面，稀疏抽样增大了样本的离散度，从而使估计量的方差增大。为了在偏误和方差之间进行权衡，张等（2005）提出通过使均方误差最小来找到最优的抽样频率。但通过该方法得到的已实现方差仍然是积分方差的有偏非一致估计量。为了减少稀疏抽样带来的信息损失，张等（2005）进一步提出了子抽样法，该方法通过高频和低频两个时间尺度来计算已实现方差，因此所得估计量又被称为双频估计量。在微观结构噪声和有效价格相互独立的假定下，双频估计量是一致的且渐近服从正态分布。

将长期方差的核估计思想运用于已实现方差的估计，以处理微观结构噪声，便形成已实现核估计量。巴恩多夫 - 尼尔森等（2008）提出平顶的已实现核估计，并给出了最优的窗宽选择，证明了该估计量是一致的且渐近服从混合正态分布，且在微观结构噪声存在自相关或与有效价格相关的情况下仍然成立。

预平均法，通过局部平均来消除市场微观结构噪声对高频数据积分方差估计的影响。本质上，子抽样法和已实现核估计都可以看成是预平均估计的特例。克里斯滕森等（2010）证明当带宽参数与抽样频率满足一定关系时，通过预平均法得到的已实现方差估计量是一致的且渐近服从混合正态分布。

第6章 基于高频数据估计高维协方差矩阵

将对金融数据波动率的研究从单维扩展到多维，除了微观结构噪声问题，还需要考虑交易非同步性（nonsynchronicity）的影响及协方差矩阵的正定性。其中，对非同步交易影响的研究可以追溯到费雪（Fisher，1966）。埃普斯（Epps，1979）等学者发现当抽样频率超出小时水平（如分钟数据）时，交易数据的非同步性会导致协变差产生严重的偏误，这种效应被称为 Epps 效应。当资产间相关性为正时，非同步交易会带来负的偏误，且偏误的程度随着抽样频率增加而增大，随着资产流动性的增加而减小。近年来，林和吉田（Hayashi and Yoshida，2005，2008），张（2006），沃夫和伦德（Voev and Lunde，2007），克里斯滕森等（2010），巴恩多夫—尼尔森等（2011）对如何处理 Epps 效应进行研究，得到一致且有限样本表现良好的已实现协方差矩阵（Realized Covariance Matrix）估计量。

将多维数据进一步扩展至高维，则还需考虑维数诅咒的影响。与低频数据的研究类似，依赖于先验信息或结构性假定的稀疏法和因子模型也被广泛运用于高频数据的高维积分协方差矩阵（Integrated Covariance Matrix）的估计中。其中前者假定矩阵非对角有多个元素为零或接近于零，然后通过阈值函数把小于阈值的非对角元素用零替代，以减少冗余信息的干扰（Tao et al.，2013；Wang and Zou，2010）；后者则假定资产收益存在可观测或潜在的因子结构，从而可以将收益写成因子载荷的线性函数，最后通过对扰动项的协方差矩阵进行稀疏性或对角假定，实现降维和有效估计（Aït - Sahalia and Xiu，2017；Fan et al.，2016；Fan and Kim，2018）。

除此以外，范等（2012b）基于高频数据构建有加总杠杆限制的高维资产组合，这种权重约束能带来显著的样本外性质的改善，且其作用机制与压缩方法类似。郑和李（2011），刘等（2016）则直接将压缩方法扩展至高频领域，得到高维积分协方差矩阵的有效估计量。

6.1 考虑交易的非同步性：从单维到多维的扩展

张（2006）通过引入超前和滞后项，将稀疏抽样和子抽样方法从单维扩展到多维，并证明这一方法能同时消除由非同步性和微观结构噪声带来的偏误。林和吉田（2005）则提出将多维资产的逐笔交易数据转换成重叠的实时数据，以应对数据的非同步性及由此带来的 Epps 效应。沃夫和伦德（2007），基川等（Hoshikawa et al.，2008）比较了多种高频数据协方差矩阵估计量的有限样本表现，发现根据林和吉田（2008）的方法得到的估计量有最小的偏误和 MSE。

6.1.1 刷新时间将数据同步化

克里斯滕森等（2010）和巴恩多夫—尼尔森等（2011）都运用了刷新时间（refresh time）的方法将非同步数据同步化。具体地，假定逐笔交易数据可观测。设第 j 个资产在交易日 t 观测到第 i 笔交易时所对应的时间为 t_i^j，其中 $i=1, 2, \cdots, n_t^j$，$j=1, \cdots, N$。设在交易日 t 全部资产完成第 k 次交易价格刷新的时间为 $\tau_{t,k}$。假定在交易日 t，第 j 个资产在时间点 $\tau_{t,k}$ 之前的观测值个数为 $n_{\tau_{t,k}}^j$。则在交易日 t 全部资产完成第 1 次交易价格刷新的时间为 $\tau_{t,1}=\max\{t_1^1, \cdots, t_1^N\}$，依此类推，全部资产完成第 k 次交易价格刷新的时间为 $\tau_{t,k}=\max\{t^1_{n^1_{\tau_{t,k-1}}+1}, \cdots, t^N_{n^N_{\tau_{t,k-1}}+1}\}$，$k=1, \cdots, d_t$，其中在交易日 t 全部资产共同完成的刷新次数 d_t 由数据的非同步程度与每个资产的抽样频率 n_t^j 共同决定。定义数据的保留度为 $p_t=Nd_t/\sum_{j=1}^{N} n_t^j$。上述方法将非同步的交易数据（价格的对数）$Y_{t,i}^j(t=1, 2, \cdots, T, i=1, 2, \cdots, n_t^j, j=1, \cdots, N)$ 转换成以 $\{\tau_{t,k}\}$ 为记时钟的同步交易数据 $Y^j(\tau_{t,k})$。如果数据仅存在非同步性而无微观结构噪声，则基于 $Y^j(\tau_{t,k})$ 得到的已实现协方差矩阵是一致的且服从渐近正态分布。

6.1.2 已实现协方差矩阵的核估计

由于微观结构噪声在交易日的开始和结束时间最为显著，为了减轻其影响，使已实现协方差矩阵估计量仍具有一致性，还需要对交易数据进行预平均处理。具体地，令 n_t，$m_t \in \mathbb{N}$，且满足 $n_t - 1 + 2m_t = d_t$，我们按照如下变换将 $Y^j(\tau_{t,k})$ 转换为 $Y^j_{t,k}$：

$$Y^j_{t,k} = Y^j(\tau_{t,k+m})\text{，当 } k = 1\text{，}2\text{，}\cdots\text{，}n_t - 1 \text{ 时}$$

$$Y^j_{t,0} = \frac{1}{m}\sum_{i=1}^{m} Y^j(\tau_{t,i})\text{，以及 } Y^j_{t,n_t} = \frac{1}{m}\sum_{i=1}^{m} Y^j(\tau_{t,N_t-m+i})$$

其中 $t = 1$，2，…，T，$k = 0$，1，2，…，n_t，$j = 1$，…，N。这样，我们将基于 $\{Y^j_{t,k}\}$ 估计已实现协方差矩阵。令 $r_{t,k}$ 为由元素 $r^j_{t,k} = Y^j_{t,k} - Y^j_{t,k-1}$，$j = 1$，…，$N$ 构成的 N 维列向量，则已实现协方差矩阵的估计量为：

$$RCOV_t = \sum_{k=1}^{n_t} r_{t,k} r'_{t,k} \tag{6.1}$$

在式（6.1）估计量的基础上，巴恩多夫—尼尔森等（2011）引入核估计思想，得到已实现协方差矩阵的核估计量为：

$$RCOV_t^{\mathrm{BHLS}} = \sum_{h=-n_t}^{n_t} k\left(\frac{h}{H}\right)\left(\sum_{k=h+1}^{n_t} r_{t,k} r'_{t,k-h}\right)\text{，其中 } h \geqslant 0 \tag{6.2}$$

记交易日 t 的积分协方差为$ICOV_t$，假定 $H = cn_t^{3/5}$，$m_t^{-1} = o(n_t^{-1/5})$，巴恩多夫—尼尔森等（2011）证明了在一定的正则性假定条件下，有如下渐近性质成立：

$$n_t^{1/5}\{RCOV_t^{\mathrm{BHLS}} - ICOV_t\} \xrightarrow{d} MN(c^{-2} \mid k''(0) \mid \Omega_t,\ 4c\, IQ_t \int_0^{\infty} k(x)^2 dx) \tag{6.3}$$

其中，Ω_t 为交易日 t 的微观结构噪声 ϵ_t 的积分协方差矩阵，IQ_t 仍然表示 Integrated Quarticity。巴恩多夫—尼尔森等（2011）给出了使估计量的 MSE 最小的最优参数 c。

值得说明的是，与巴恩多夫—尼尔森等（2008）提出的单维情况下已实现核估计量相比，巴恩多夫—尼尔森等（2011）提出的多维情况下的核估计量，除了收敛速率和渐近分布不同，对于微观结构噪声的假定也不同：前者限定微观结构噪声为白噪声过程，而后者则允许一般形式的相关性，且允许噪声项和有效价格之间存在一定相关性。

6.1.3 已实现协方差矩阵的预平均估计

克里斯滕森等（2010）将预平均方法从单维扩展至多维，提出调制的（modulated）已实现协方差作为积分协方差的估计量，并证明了其一致性。对于非同步交易数据，他们提出了两种处理方法，其一是6.1.1部分介绍的刷新时间法，其二是在林和吉田（2005）估计量的基础上引入预平均机制以处理微观结构噪声。对于矩阵的正定性问题，克里斯滕森等（2010）发现只需要略微增加预平均窗口长度就可以让已实现协方差估计量的正定性得到保证。

具体地，令 $\bar{r}_{t,k}=\sum_{j=1}^{K_n-1}g\left(\frac{j}{K_n}\right)r_{t,k+j}$ 为 d 维资产的预平均收益率，则已实现协方差矩阵的预平均估计量为：

$$RCOV_t^{\text{Prea}}=\frac{n_t}{K_n(n_t-K_n+2)\int_0^1\{g(\tau)\}^2d\tau}\sum_{k=0}^{n_t-K_n+1}\bar{r}_{t,k}\bar{r}'_{t,k}\tag{6.4}$$

其中，K_n 为带宽参数，其选择对于估计量的表现至关重要。假定权重核函数 $g(\cdot)$ 连续，分段连续可微，且满足 $g(0)=g(1)=0$，$\int_0^1\{g(\tau)\}^2d\tau>0$。

假定对于所有 $j=1$，…，N 都有 $E(|\epsilon_t^j|^4)<\infty$，$\frac{K_n}{\sqrt{n_t}}=\theta+o(n_t^{-1/4})$，$\theta\in(0,\infty)$，克里斯滕森等（2010）证明了：

$$RCOV_t^{\text{Prea}}\xrightarrow{p}ICOV_t+\frac{\int_0^1\{g'(\tau)\}^2d\tau}{\theta^2\int_0^1\{g(\tau)\}^2d\tau}E(\epsilon_t\epsilon_t')\tag{6.5}$$

假定 $E(|\epsilon_t^j|^8)<\infty$，$\frac{K_n}{\sqrt{n_t}}=\theta+o(n_t^{-1/4})$，$\theta\in(0,\infty)$，则

$$n_t^{1/4}[RCOV_t^{\text{Prea}}-ICOV_t]\xrightarrow{d}MN(0,avar^{\text{Prea}})\tag{6.6}$$

假定$E(|\epsilon_t^j|^4)<\infty$，$\frac{K_n}{n_t^{1/2+\delta}}=\theta+o(n_t^{-1/4+\delta/2})$，$\theta\in(0,\ \infty)$，$\delta\in\left(0,\ \frac{1}{2}\right)$，则：

$$RCOV_t^{\text{Prea}}\xrightarrow{p}ICOV_t \tag{6.7}$$

假定$E(|\epsilon_t^j|^8)<\infty$，$\frac{K_n}{n_t^{1/2+\delta}}=\theta+o(n_t^{-1/4+\delta/2})$，$\theta\in(0,\ \infty)$，$\delta\in(0.1,\ 0.5)$，则：

$$n_t^{1/4-\delta/2}[RCOV_t^{\text{Prea}}-ICOV_t]\xrightarrow{d}MN(0,\ avar_\delta^{\text{Prea}}) \tag{6.8}$$

范和金（2018）指出预平均机制处理后的已实现协方差矩阵将不再由微观结构噪声所主导，但由微观结构噪声带来的厚尾问题仍然存在。因此，提出利用 Huber 损失函数 $\ell_\alpha=\begin{cases}2\alpha|x|-\alpha^2, & 若|x|\geqslant\alpha\\ x^2, & 若|x|\leqslant\alpha\end{cases}$来处理厚尾影响，得到消除厚尾影响的预平均已实现协方差矩阵的估计量为$RCOV_t^{\text{FK-Prea}}$（$N\times N$ 维矩阵），记其第 i 行第 j 列的元素为$\hat{\sigma}_{ij,t}$，则：

$$\hat{\sigma}_{ij,t}=\underset{\sigma}{\operatorname{argmin}}\sum_{k=1}^{n_t-K_n+1}\ell_{\alpha_{ij}}\left(\frac{n_t-K_n+1}{\Phi K_n}\bar{r}_{t,k}^i\bar{r}_{t,k}^j-\sigma\right) \tag{6.9}$$

其中，α_{ij}为截断参数，$\Phi=\frac{1}{K_n}\sum_{k=0}^{K_n-1}\left\{g\left(\frac{k}{K_n}\right)\right\}^2$，$\bar{r}_{t,k}^i$ 表示 d 维向量 $\bar{r}_{t,k}$中的第 i 个元素。式（6.9）给出的$\hat{\sigma}_{ij,t}$是真实价格对数积分协方差的有偏估计量，范和金（2018）对其进行修正，给出协方差的无偏估计量如下：

$$\hat{\Sigma}_{ij,t}=\hat{\sigma}_{ij,t}-\frac{n_t-K_n+1}{\Phi K_n}\zeta\hat{\eta}_{ij,t}1(i=j) \tag{6.10}$$

其中，$\zeta=\sum_{k=0}^{K_n-1}\left\{g\left(\frac{k}{K_n}\right)-g\left(\frac{k+1}{K_n}\right)\right\}^2$，$\hat{\eta}_{ij,t}$ 为微观结构噪声协方差的估计量：$\hat{\eta}_{ij,t}=\underset{\sigma}{\operatorname{argmin}}\sum_{k=1}^{n}\ell_{\alpha_{ij}}\{r_{t,k}^2/2-\sigma\}$。由元素 $\hat{\Sigma}_{ij,t}$ 构成的 $N\times N$ 维矩阵 $\hat{\Sigma}_t$ 就是交易日 t 的稳健无偏且一致的已实现协方差矩阵估计量。

6.2 基于因子模型估计高频数据的高维协方差矩阵

与低频数据的样本协方差矩阵存在的问题类似，由式（6.10）所得估计量的局限在于：当资产个数 N 过大时，估计的已实现协方差矩阵（由估计量 $\hat{\Sigma}_{ij}$ 构成的矩阵，记为 $\hat{\Sigma}$）与真实的积分协方差矩阵（由真实积分方差 Σ_{ij} 形成的矩阵，记为 Σ）偏差较大。学者（Aït - Sahalia and Xiu，2017；2019；Fan et al.，2016；Fan and Kim，2018）将针对低频数据离散时间的降维模型——主成分分析和因子模型扩展至适用于高频数据的连续时间模型。仍考虑因子模型的向量表述式（2.2），只是这时假定数据 X 是高频的，从而假定因子模型由离散变成关于时间连续。由于前文已经探讨了如何处理交易数据的非同步性、微观结构噪声及厚尾性问题，此处不再赘述，而直接运用处理后的数据，专注于高维问题。

假定时间水平 T 固定，设抽样频率为 Δ_n，$n=[T/\Delta_n]$，则在时间区间 $[0, T]$ 内，在时间点 $t=\Delta_n, 2\Delta_n, \cdots, n\Delta_n$ 处都存在观测值 X_t，记 $\Delta_i^n X$ 为 $t=i\Delta_n$，$i=1, \cdots, n$ 点时的观测值 X_t。类似于一般因子模型，假定因子个数 K 未知但有限，同时假定横截面维度 N 随着抽样区间 Δ_n 趋向于0而趋于无穷。

假定因子载荷 B 为常数矩阵，共同因子 F_t 和特质项 e_t 都为连续伊藤半鞅过程，即

$$F_t = \int_0^t h_s ds + \int_0^t \eta_s dW_s \tag{6.11}$$

$$e_t = \int_0^t f_s ds + \int_0^t \gamma_s dB_s \tag{6.12}$$

记 F_t 和 e_t 的点协方差分别为 ϵ_t^F 和 ϵ_t^e，则 $\epsilon_t^F=\eta_t\eta_t'$，$\epsilon_t^e=\gamma_t\gamma_t'$。对于任意 $1\leqslant i\leqslant K$，$1\leqslant j\leqslant d$，$0\leqslant t\leqslant T$，假定 $F_{i,t}$ 与 $e_{j,t}$ 之间的协变差为0。记 X_t 的点协方差矩阵为 ϵ_t，则对于任意 $0\leqslant t\leqslant T$，有：

$$\epsilon_t = B\epsilon_t^F B' + \epsilon_t^e \tag{6.13}$$

在时间区间 $[0, T]$ 内求期望，可得 X_t 的协方差矩阵为

$$\Sigma = B\Sigma_F B' + \Sigma_e \tag{6.14}$$

其中，$\Sigma = \frac{1}{T}\int_0^T \epsilon_t dt$，$\Sigma_F = \frac{1}{T}\int_0^T \epsilon_t^F dt$，$\Sigma_e = \frac{1}{T}\int_0^T \epsilon_t^e dt$。

类似于离散模型，这里同样需要对特质项的协方差矩阵进行稀疏性假定。定义特质项协方差矩阵的稀疏度为

$$m_N = \max_{1\leqslant i\leqslant N}\sum_{1\leqslant j\leqslant N} 1_{\{\Sigma_{e_{i,j}}\neq 0\}} \tag{6.15}$$

假定当 $N\to\infty$ 时，这一稀疏度满足

$$N^{-a}m_N\to 0 \tag{6.16}$$

其中 a 为正的常数。

6.2.1 因子个数的估计

设 X_t 的协方差矩阵 Σ 的估计量为 $\hat{\Sigma}$，其第 j 个最大的特征值为 $\lambda_j(\hat{\Sigma})$。学者（Aït－Sahalia and Xiu，2017）提出如下估计量：

$$\hat{K}=\underset{1\leqslant j\leqslant K_{\max}}{\operatorname{argmin}}(N^{-1}\lambda_j(\hat{\Sigma})+j\times g(n,N))-1 \tag{6.17}$$

其中，$g(n, N)$ 为惩罚函数，$K_{\max}$ 是因子个数潜在取值区间的上界再加 1。理论上，$K_{\max}$ 的选择不会影响因子个数估计结果。惩罚函数 $g(n, N)$ 必须满足以下两个条件：第一，惩罚项在数量级上不能超过信息项 $N^{-1}\lambda_j(\hat{\Sigma})$。由于当 $N\to\infty$ 时，信息项 $N^{-1}\lambda_j(\hat{\Sigma})=O_p(1)$，这意味着当 $N\to\infty$ 时，$g(n, N)$ 应该趋于 0。第二，惩罚项在数量级上不能小于估计误差和当 $K+1\leqslant j\leqslant N$ 时的信息项 $N^{-1}\lambda_j(\Sigma)$。将式（6.17）与离散因子模型静态因子个数估计部分的式（2.15）相比较，不难发现这两种估计量在本质上十分类似，但式（6.17）的估计量不需要将各个特征值加总，因此，在计算上更简单。

6.2.2 主成分估计

我们知道，在离散因子模型中，为了识别出 B 和 F_t，我们常用的识别条件为式（2.36）和式（2.37），即需要假定因子满足 FF' 是对角矩阵或 $FF'/T=I_K$。在高频因子模型中，这两个约束条件与我们对因子的假定式（6.11）相违背，而不再适用。考虑到我们的最终目的是估计协方差矩阵，并不需要分别识别出因子和因子载荷，我们可以暂时搁置这一问题，而重点讨论共同成分与特质项的识别。

在离散因子模型中，共同成分协方差矩阵 $B\Sigma_F B'$ 的特征值发散而特质项协方差矩阵 Σ_e 的特征值有界，是我们最常用的识别共同成分和特质项的假定。在假定了特质项协方差矩阵的稀疏性后，Σ_e 的最大特征值虽然不再

有界，但与 $B\Sigma_F B'$ 的特征值相比有较慢的发散速率。

设 λ_j 为 Σ 第 j 个最大的特征值，ξ_j 为对应的特征向量，另外，假定 $\|\Sigma_F\|_{\max}$ 和 $\|\Sigma_e\|_{\max}$ 几乎处处有界，且设共同上界为 M。类似于离散因子模型中范等（2013）发现并证明的式（2.41），学者（Aït - Sahalia and Xiu，2017）给出：

$$\left\|B\Sigma_F B' - \sum_{j=1}^{K} \lambda_j \xi_j \xi_j'\right\|_{\max} \leqslant MN^{-1/2} m_N \tag{6.18}$$

$$\left\|\Sigma_e - \sum_{j=K+1}^{N} \lambda_j \xi_j \xi_j'\right\|_{\max} \leqslant MN^{-1/2} m_N \tag{6.19}$$

根据式（6.16）的稀疏度假定可知 $N^{-1/2} m_N = o(1)$，由此，可以识别出共同成分和特质项。

6.2.3 协方差矩阵的估计

设 S 为 X_t 的样本协方差矩阵，$\hat{\lambda}_j$ 为 S 的第 j 个最大的特征值，$\hat{\xi}_j$ 为对应的特征向量，则与离散模型类似，S 有如下的谱分解：

$$S = \sum_{j=1}^{K} \hat{\lambda}_j \hat{\xi}_j \hat{\xi}_j' + S_e \tag{6.20}$$

其中，$S_e = \sum_{j=K+1}^{N} \hat{\lambda}_j \hat{\xi}_j \hat{\xi}_j' = (s_{e,i,j})$ 为特质项的样本协方差矩阵。与离散模型不同的是，现在 X_t 的样本协方差矩阵为：

$$S = \frac{1}{T} \sum_{i=1}^{n} (\Delta_i^n X)(\Delta_i^n X)' \tag{6.21}$$

假定特质项的协方差矩阵为稀疏矩阵，我们可以像离散因子模型部分介绍的一样，通过各种阈值函数引入稀疏性限制，但这时确定阈值函数中的各种参数将更加困难，而且更重要的是，很难保证通过阈值压缩后的协方差矩阵估计量仍满足半正定性。于是，有学者（Aït - Sahalia and Xiu，2017）提出假定特质项的协方差矩阵有分块对角结构。这一假定的理论依据是，同一行业内的股票收益在除去了系统共同成分的影响后仍会有较高的相关性，因此，如果把股票按行业分类号（GICS）排列，则可以直观地假定，特质项的协方差矩阵为分块对角矩阵，且该矩阵内不为零元素的位置是已知的，记为 Q。在这一假定下，连续因子模型的协方差矩阵 Σ 的估计量为：

$$\hat{\Sigma}_K^Q = \sum_{j=1}^{K} \hat{\lambda}_j \hat{\xi}_j \hat{\xi}_j' + \hat{\Sigma}_e^Q \tag{6.22}$$

其中

$$\hat{\Sigma}_e^Q = (\hat{\sigma}_{e,ij}^Q)_{N\times N},\ \hat{\sigma}_{e,ij}^Q = \begin{cases} s_{e,ij}, & (i,\ j) \in Q; \\ 0, & (i,\ j) \notin Q. \end{cases} \tag{6.23}$$

因子个数 K 则可由 6.2.1 部分介绍的因子个数估计方法估计。

容易发现式（6.23）给出的这一估计量与式（2.44）给出的 POET 估计量十分类似。事实上，分块对角结构假定与稀疏结构假定并不矛盾，它是稀疏性假定的一种特例。与此类似，范和金（2018）首先考虑微观结构噪声和厚尾问题，用稳健的预平均已实现协方差矩阵估计量 $\hat{\Sigma}$ 代替式（6.21）X_t 的样本协方差矩阵，再通过式（6.22）POET 程序得到基于高频数据连续因子模型的高维协方差矩阵估计量。

6.3 基于压缩方法估计高频数据的高维协方差矩阵

上述基于因子模型估计高维协方差矩阵的方法虽然能实现有效降低，但由于结构性假定引入了模型设定偏误，其估计效果依赖于实际数据与假定的吻合程度，而基于压缩方法估计高维协方差矩阵则能避免这一问题，得到更为稳健的高维协方差矩阵估计量。刘等（2016）将勒罗伊特和沃尔夫（2014）针对低频数据提出的非线性压缩方法扩展至高频领域，其与传统压缩方法的差异主要表现在：其一，传统压缩法假定收益率为独立同分布的，并在此基础上对样本协方差矩阵的特征值进行压缩；而针对高频数据的特征，刘等（2016）假定协方差矩阵为时变矩阵，并设计出时变调整的已实现协方差矩阵，在此基础上对矩阵特征值进行压缩。其二，传统压缩方法直接基于低频数据的样本协方差矩阵进行谱分解，再对样本特征值进行压缩；而刘等（2016）基于较低频数据时变调整的已实现协方差矩阵得到特征向量，再基于高频数据利用拟最大似然估计得到压缩特征值。

具体地，假定投资者在第 h 个交易日利用前 T 个交易日的所有交易数据（包括低频和高频）构建 N 维资产组合，并持有 M 个交易日。为准确估计积分协方差矩阵，将 T 个交易日划分为两个子样本，第一个子样本包括1，…，T_1，第二个子样本包括 T_1+1，…，T。刘等（2016）提出的估计方法如下：

第一，利用第一个子样本的15分钟的对数价格数据得到时变调整（Time Variation Adjusted，TVA）的协方差矩阵 $\Sigma_{T_1}^{TVA}$（$N\times N$ 维），并通过谱分解得到 N 个特征向量，记为 u_i，将其写成矩阵形式 U_{T_1}（$N\times N$ 维），其中 U_{T_1} 的第 i 列为样本特征向量 u_i。

第二，基于第二个子样本的逐笔交易数据，并利用刷新时间法得到同步化的高频对数价格数据 $Y_t:=(Y_t^1,\ \cdots,\ Y_t^N)'$，$t=(1,\ 2,\ \cdots,\ n_\tau)_{\tau=T_1+1,\cdots,T}$，$n_\tau$ 表示在第 τ 个交易日得到的同步化的高频对数价格观测值个数。

第三，利用矩阵 U_{T_1} 得到高频对数价格 Y_t 的旋转变量 $U'_{T_1}Y_t$，通过拟最大似然估计法得到旋转个体 i 在交易日 τ 积分波动率的压缩估计量 $\hat{d}_i^\tau$，其中 $i=1,\ 2,\ \cdots,\ N$，$\tau=T_1+1,\ \cdots,\ T$。

第四，将 U_{T_1} 与 $\hat{d}_i^\tau$ 组合，得到 N 维资产在交易日 τ 的积分协方差矩阵估计量为 $U_{T_1}\mathrm{diag}(\hat{d}_1^\tau,\ \cdots,\ \hat{d}_N^\tau)U'_{T_1}$，$\tau=T_1+1,\ \cdots,\ T$。投资者在第 h 个交易日利用前 $T-T_1$ 个交易日的积分协方差矩阵估计量对后 M 个交易日的波动率进行预测，因此，对应的积分协方差矩阵估计量为 $\hat{\Sigma}_{T-T_1}^M=\frac{M}{T-T_1}\sum_{\tau=T_1+1}^{T}U_{T_1}\mathrm{diag}(\hat{d}_1^\tau,\ \cdots,\ \hat{d}_N^\tau)U'_{T_1}$。

上述估计的核心在于时变调整协方差矩阵的构建，以及如何通过拟最大似然估计法得到交易日 τ 对数收益率的积分波动率的压缩估计量 $\hat{d}_i^\tau$。

（1）时变调整的协方差矩阵

针对高频数据已实现协方差矩阵的时变性，郑和李（2011）提出时变调整的已实现协方差矩阵估计量，并证明了其极限谱分布仅通过 Marčenko - Pastur 方程依赖于目标积分协方差矩阵，因此可基于其经验谱分布而推导极限谱分布。为更好地定义时变调整的协方差矩阵，首先定义一个类。

定义6.3.1（类$\mathbb{C}$）假定 Y_t 为 N 维随机扩散过程，满足 $dY_t=\mu_t dt+\Sigma_t dW_t$，其中 μ_t 为 t 时刻的 N 维漂移项，Σ_t 为 t 时刻的 $N\times N$ 维时点协方差矩阵。如果几乎处处存在 $\sigma_t\in D([T-T_1,\ T];\ \mathbb{R})$ 及 Σ，满足 $\Sigma_t=$

$\sigma_t\Sigma$，且 $\mathrm{tr}(\Sigma\Sigma')=N$，其中 $D([T-T_1,\ T];\ \mathbb{R})$ 表示从 $[T-T_1,\ T]$ 到$\mathbb{R}$的右连左极过程（càdlàg）。

如果价格对数 Y_t 属于类$\mathbb{C}$，则其在区间 $[T-T_1,\ T]$ 的积分协方差矩阵 $\Sigma_{T-T_1,T}:=\int_{T-T_1}^{T}\Sigma_t dt$ 有如下分解：

$$\Sigma_{T-T_1,T}=\int_{T-T_1}^{T}\sigma_t^2 dt\cdot\Sigma\Sigma'=P(\int_{T-T_1}^{T}\sigma_t^2 dt\cdot\Lambda)P' \tag{6.24}$$

其中，$P\Lambda P'$为矩阵 $\Sigma\Sigma'$的特征值分解，Λ 为矩阵 $\Sigma\Sigma'$的特征值构成的对角矩阵，P 为对应的特征向量所构成的矩阵。这样，时变的协方差矩阵就被分解为不随时间变化的特征向量 P 和时变的特征值。

在上述定义的基础上，郑和李（2011）提出在区间 $[T-T_1,\ T]$ 上时变调整的已实现协方差矩阵估计量，定义如下：

$$\Sigma_{T-T_1,T}^{TVA}=\frac{\mathrm{tr}(\sum_{k=1}^{T_n}\Delta Y_k\Delta Y_k')}{N}\cdot S_{T-T_1,T} \tag{6.25}$$

其中，

$$S_{T-T_1,T}=\frac{N}{T_n}\cdot\sum_{k=1}^{T_n}\frac{\Delta Y_k\Delta Y_k'}{|\Delta Y_k|^2} \tag{6.26}$$

$\Delta Y_k=Y_{k+1}-Y_k$ 为高频对数收益率的第 k 个观测值，$T_n s$ 表示在区间 $[T-T_1,\ T]$ 上所有高频对数收益率观测值的个数。

郑和李（2011）证明了 $\frac{\mathrm{tr}(\sum_{k=1}^{T_n}\Delta Y_k\Delta Y_k')}{N}$ 是$\int_{T-T_1}^{T}\sigma_t^2 dt$ 的有效估计量，而 $S_{T-T_1,T}$则类似于独立同分布样本的样本协方差矩阵，其满足两个重要性质：其一，当 N 固定时，$S_{T-T_1,T}$是总体协方差矩阵 $\Sigma\Sigma'$的一致估计量；其二，当 N 与 T_n 同时趋于∞时，$S_{T-T_1,T}$的极限谱分布与由以 0 为均值、以 $\Sigma\Sigma'$为总体协方差的独立同分布样本所得的样本协方差矩阵一致。

（2）波动率的非线性压缩估计量

为求在交易日 τ 旋转后的个体 i 的收益率 $\widetilde{Y}_t^i:=u_iY_t^i$ 的积分波动率，刘等（2016）考虑如下最优化问题：

$$\min_{\hat{d}_i^\tau,i\in[1,N]}\|U_{T_1}\mathrm{diag}(\hat{d}_1^\tau,\ \cdots,\ \hat{d}_N^\tau)U_{T_1}'-\Sigma_{T-T_1,T}\|_F \tag{6.27}$$

由此得到特征值的压缩估计量$\hat{d}_i^\tau$ 即为积分波动率的有效估计量。考虑高频数据中的微观结构噪声，假定 $Y_t = X_t + \epsilon_t$，其中 X_t 为潜在的真实对数价格，微观结构噪声 ϵ_t 为独立同分布的 N 维随机向量，其均值为0，协方差矩阵为正定矩阵 A（假定其由元素 a_i^2 构成），且四阶矩有界，X_t 与 ϵ_t 相互独立。对于每个个体 i，我们需要对下面的样本拟似然函数最大化：

$$L(\tilde{d}_i^2, \tilde{a}_i^2) = -\frac{1}{2}\sum_{t=1}^{t^*}(\log|\Omega| + \Delta \tilde{Y}_t^{i\prime}\Omega^{-1}\Delta \tilde{Y}_t^i) \tag{6.28}$$

其中，$\Delta \tilde{Y}_t^i = \tilde{Y}_t^i - \tilde{Y}_{t-1}^i$，$\Omega$ 为三对角矩阵，其主对角元素为 $\tilde{d}_i^2\delta + 2\tilde{a}_i^2$，高低对角元素都为 $-\tilde{a}_i^2$，t^* 为样本区间刷新时间同步化后的观测值个数，δ 则表示两个观测值之间的时间间隔。根据式（6.28）可得到每个个体时点的波动率估计量 $\tilde{d}_i$，进一步可得交易日 τ 的收益率积分波动率的估计量 $\hat{d}_i^\tau = \int_0^\tau \tilde{d}_i^2(t)dt$。

6.4 本章总结

本章重点研究如何基于高频数据估计高维协方差矩阵。本质上，这一内容是对第五章基于高频数据估计方差在维度上的扩展。从单维扩展到高维，除了需要考虑交易数据的非同步性、矩阵的正定性，还需要考虑维度过高造成的估计偏误。

随着抽样频率的增加，交易数据的非同步性导致基于高频数据的协方差估计量向零的方向产生偏误，即为 Epps 效应。针对此效应，典型的处理方法是通过刷新时间将非同步交易数据同步化。已实现核估计和预平均估计都可以从单维扩展至高维，其中带宽参数的选择对估计量的收敛速率和大样本性质起关键作用。而简单的增加窗宽就能使矩阵的正定性得到满足。

针对高维问题，仍然可以结合稀疏法和因子模型进行有效降维，得到主成分正交补阈值估计量。将离散形式的稀疏因子模型扩展至连续时间模型，即可实现针对高频数据的高维协方差矩阵的有效估计。

除此以外，非线性压缩法同样可扩展至高频领域，其难点在于除了需要考虑高频数据的非同步性以及微观结构噪声，还需要考虑协方差矩阵的时变性，这一性质使得已实现协方差矩阵的极限谱分布不仅与目标积分协方差矩阵有关，还与协方差的时变过程有关。郑和李（2011）提出时变调整的已实现协方差矩阵估计量，并证明了其极限谱分布仅通过 Marčenko－Pastur 方程依赖于目标积分协方差矩阵，因此可基于其经验谱分布而推导极限谱分布。刘等（2016）在此基础上给出了基于非线性压缩法估计高频数据高维协方差矩阵的详细过程及其大样本性质。

第7章 基于高频数据预测高维协方差矩阵

从文献上看，基于高频数据的协方差矩阵预测模型可以分为两大类：第一类构建离散模型，研究如何利用已实现协方差和日收益率数据对日收益率的条件协方差矩阵进行预测（Shephard and Sheppard，2010；Noureldin et al.，2012；Sheppard and Xu，2014）；第二类则以瞬时波动为研究对象，通过构建连续模型，关注高频数据积分协方差本身的特性，并据此进行预测（Bauer and Vorkink，2011；Chiriac and Voev，2011；Fan and Kim，2018；Kim and Fan，2019）。本章第一部分和第二部分将分别就这两类问题展开探讨。

7.1 基于高频数据预测日收益的条件协方差矩阵：HEAVY 模型

随着计算机技术的飞速进步，金融资产收益早已不再局限于日度数据，而是可以精确到分时数据。理论上，应用这种高频收益数据可以更精确的预测资产收益间的条件协方差矩阵。考虑到金融数据的波动群集效应，利用无条件的协方差矩阵进行投资组合选择的效果往往不如利用基于预测的条件协方差矩阵。

我们知道，GARCH 模型为典型的针对金融低频数据的预测模型，其在高频领域的扩展之一即为基于高频（数据）的波动（High - frEquency - bAsed VolatilitY，HEAVY）模型。由于 GARCH 模型以低频信息集为条件，因此其建模设定条件协方差矩阵依赖于过去日收益率的平方或交叉积；而

HEAVY 模型以高频信息集为条件，相应地，其条件协方差矩阵路径可依赖于已实现方差。因此，HEAVY 模型相比 GARCH 模型有更短的响应时间，对于数据的结构性突变更敏感，这意味着在波动或相关系数有较大结构性突变的情况下比 GARCH 模型表现更好。HEAVY 模型由谢泼德和谢泼德（2010）首次提出。纽诺丁等（Noureldin et al.，2012）将其扩展至多元 HEAVY，谢泼德和许（2014）在此基础上提出 Factor - HEAVY 模型，利用因子结构假定实现对 HEAVY 模型的降维估计。

7.1.1 高频数据日收益协方差矩阵的预测——HEAVY 模型

为了更清楚地说明 HEAVY 模型与 GARCH 模型的区别，我们先以单变量模型为例进行对比分析。设 $\mathcal{F}_t^{LF}$ 和 $\mathcal{F}_t^{HF}$ 表示到第 t 天为止，由低频数据和高频数据分别形成的信息集，r_t 为第 t 天的去均值日收益，RM_t 为已实现测度（如已实现方差），则单变量 GARCH 模型可表述为：

$$E[r_t^2 \mid \mathcal{F}_{t-1}^{LF}]:=h_t=c_g+a_g r_{t-1}^2+b_g h_{t-1} \tag{7.1}$$

与此相对，单变量线性设定的 HEAVY 模型则可写成以下两个方程：

$$E[r_t^2 \mid \mathcal{F}_{t-1}^{HF}]:=h_t=c_h+a_h rm_{t-1}+b_h h_{t-1} \tag{7.2}$$

$$E[RM_t \mid \mathcal{F}_{t-1}^{HF}]:=m_t=c_m+a_m rm_{t-1}+b_m m_{t-1} \tag{7.3}$$

其中，第一个方程用来确定低频数据条件协方差的动态，被称为 HEAVY - P 方程；第二个方程用来刻画已实现测度的动态，被称为 HEAVY - M 方程。

在多元情况下，r_t 为 $N\times1$ 维的日收益向量，记 $P_t=r_t r_t'$，设第 t 天第 j 分钟的收益为 $r_{j,t}$，则 $r_t=\sum_{j=1}^{m} r_{j,t}$，其中 m 表示一天所包含的分钟数。记第 t 天的已实现测度 RM_t 为一个 $N\times N$ 维矩阵。典型地，可以用已实现协方差矩阵 $\sum_{j=1}^{m} r_{j,t}r_{j,t}'$ 作为 RM_t。进一步，假定在上一期高频信息集已知的条件下，资产收益 r_t 服从正态分布，而已实现测度 RM_t 服从 ν 个自由度的 Wishart 分布，即 $r_t \mid \mathcal{F}_{t-1}^{HF}\sim N(0,\ H_t)$，$RM_t \mid \mathcal{F}_{t-1}^{HF}\sim W_{N+1}\left(\nu,\ \dfrac{M_t}{\nu}\right)$。线性设定 HEAVY 模型可写成如下形式：

$$E[P_t \mid F_{t-1}^{HF}]:=H_t \tag{7.4}$$

$$E[RM_t \mid \mathcal{F}_{t-1}^{HF}] := M_t \tag{7.5}$$

等价地，也可写成：

$$P_t = H_t^{1/2} z_t H_t^{1/2} \tag{7.6}$$

$$RM_t = M_t^{1/2} \varepsilon_t M_t^{1/2} \tag{7.7}$$

其中，z_t 和 ε_t 都是 $N \times N$ 维系统新息矩阵，且满足 $E_{t-1}[z_t] = E_{t-1}[\varepsilon_t] = I_N$，$I_N$ 表示 N 阶单位阵。

与 GARCH 模型类似，不同的参数假定可以形成不同的 HEAVY 模型，且最重要的条件之一也是保证协方差矩阵的正定性。我们将 GARCH 模型中考虑了正定性条件且较为常用的 BEKK 模型扩展到高频数据领域，研究类 BEKK - HEAVY 模型。与 BEKK 模型类似，类 BEKK - HEAVY(1，1，1) 模型定义如下：

$$H_t = C_H' C_H + A_H' RM_{t-1} A_H + B_H' H_{t-1} B_H \tag{7.8}$$

$$M_t = C_M' C_M + A_M' RM_{t-1} A_M + B_M' M_{t-1} B_M \tag{7.9}$$

其中，C_H、C_M、A_H、A_M、B_H、B_M 都是 $N \times N$ 维的矩阵，且 C_H 和 C_M 为上三角阵。只要 H_0 和 M_0 为半正定矩阵，且 C_H 和 C_M 为满秩矩阵，则对于任意时间 t，H_t 和 M_t 都是正定矩阵。

与 BEKK 模型类似，这一类 HEAVY 模型也有 $O(N^2)$ 个待估参数，同样，为了避免维数诅咒，也可假定动态参数 A_H、A_M、B_H、B_M 为对角矩阵或标量，与之对应的模型即为对角 HEAVY 模型或标量 HEAVY 模型。

在高维对角 HEAVY 模型或标量 HEAVY 模型中，矩阵 C_H 和 C_M 中仍各有 $N(N+1)/2$ 个待估参数，因此维数诅咒仍会存在。GARCH 模型中"以波动为目标"基于矩的极大似然估计法通过分离冗余参数，将无条件的协方差矩阵用矩估计量替代，而成功打破维数诅咒。同样地，该方法也可以用到 HEAVY 模型中。

具体地，令 $\Omega_H := E[P_t] = E[H_t]$，$\Omega_M := E[RM_t] = E[M_t]$。对方程（7.8）和方程（7.9）两边取无条件期望，得：

$$\Omega_H = C_H' C_H + A_H' \Omega_M A_H + B_H' \Omega_H B_H \tag{7.10}$$

$$\Omega_M = C_M' C_M + A_M' \Omega_M A_M + B_M' \Omega_M B_M \tag{7.11}$$

记 $h_t := vech(H_t)$，$v_t := vech(RM_t)$，$m_t := vech(M_t)$，$\omega_H := vech(\Omega_H)$，$\omega_M := vech(\Omega_M)$，其中 $vech(\cdot)$ 表示将 $N \times N$ 维的矩阵下三角部分堆叠起

来，形成 $N^* \times 1$ 维的列向量（$N^* = N(N+1)/2$）。记 $c_H := L_N(C_H \otimes C_H) D_N vech(I_N)$，$a_H := L_N(A_H \otimes A_H) D_N$，$b_H := L_N(B_H \otimes B_H) D_N$，$a_M := L_N(A_M \otimes A_M) D_N$，$b_H := L_N(B_M \otimes B_M) D_N$，其中 L_N 表示消元矩阵，其维度为 $N^* \times N^2$，对于任意 $N \times N$ 维矩阵 X，L_N 满足 $vech(X) = L_N vec(X)$；D_N 表示复元矩阵，其维度为 $N^2 \times N^*$，对于任意 $N \times N$ 维对称矩阵 X，D_N 满足 $vec(X) = D_N vech(X)$，其中 $vec(\cdot)$ 表示将 $N \times N$ 维的矩阵按列堆叠成 $N^2 \times 1$ 维的列向量。则式（7.8）和式（7.9）可写成：

$$h_t = c_H + a_H rm_{t-1} + b_H h_{t-1} \tag{7.12}$$

$$m_t = c_M + a_M rm_{t-1} + b_M m_{t-1} \tag{7.13}$$

定义 $K = \Omega_M^{\frac{1}{2}} \Omega_H^{-\frac{1}{2}}$，$k := L_N(K \otimes K) D_N$，则由式（7.10）和式（7.11）易得：

$$c_H = (I_{N*} - a_H k - b_H)\omega_H \tag{7.14}$$

$$c_M = (I_{N*} - a_M - b_M)\omega_M \tag{7.15}$$

因此，与估计 GARCH 模型类似，用基于矩的极大似然估计法估计 HEAVY 模型也可以分为两步：第一步，用矩估计量 $\hat{\Omega}_H$ 和 $\hat{\Omega}_M$ 分别替代 Ω_H 和 Ω_M，其中 $\hat{\Omega}_H = T^{-1}\sum_{t=1}^{T} P_t$，$\hat{\Omega}_M = T^{-1}\sum_{t=1}^{T} RM_t$；第二步，用拟最大似然法估计动态参数 A_H，A_M，B_H，B_M，即我们需要对下面两个样本拟似然函数分别最大化：

$$L_H(\theta_H) = -\frac{1}{2}\sum_{t=1}^{T}(\log|H_t| + \mathrm{tr}(H_t^{-1}P_t)) \tag{7.16}$$

$$L_M(\theta_M) = -\frac{1}{2}\sum_{t=1}^{T}(\log|M_t| + \mathrm{tr}(M_t^{-1}RM_t)) \tag{7.17}$$

得到参数 θ_H 和 θ_M 的 QML 估计量分别为

$$\hat{\theta}_H = \underset{\theta_H}{\mathrm{argmax}} L_H(\theta_H) \tag{7.18}$$

$$\hat{\theta}_M = \underset{\theta_M}{\mathrm{argmax}} L_M(\theta_M) \tag{7.19}$$

7.1.2 高频数据高维日收益协方差矩阵的预测——Factor-HEAVY 模型

观察式（7.8）和式（7.9）构成的 HEAVY(1，1，1）模型，容易发现，模型存在 $O(N^2)$ 个待估参数。与 BEKK 模型类似，为了减少待估参数个数，我们可假定动态参数 A_H，A_M，B_H，B_M 为对角矩阵或标量，与之对应的模型即为对角 HEAVY 模型或标量 HEAVY 模型。但即使是在对角 HEAVY 模型或标量 HEAVY 模型中，矩阵 C_H 和 C_M 中仍各有 $N(N+1)/2$ 个待估参数，且仍需要多次对高维矩阵求逆，这意味着高维情况下维数诅咒仍然存在。谢泼德和许（2014）提出的 Factor - HEAVY 模型不仅能有效解决维数诅咒问题，而且通过对因子的波动、条件因子载荷和特质项的波动分别建模，能更有效地模拟和预测各成分的动态结构，避免了对协方差整体建模存在的不精确性问题。

假定对任意 $i \in \{1, \cdots, N\}$，资产 i 在第 t 个交易日的收益率 $\{r_{i,t}\}$ 存在如下因子结构：

$$r_{i,t} = \beta_{i,t} r_{f,t} + e_{i,t} \tag{7.20}$$

Factor - HEAVY 模型对共同因子 $r_{f,t}$ 的方差 $\sigma_{f,t}^2$、因子载荷 $\beta_{i,t}$ 和特质项 $e_{i,t}$ 的方差 $\sigma_{e,t}^2$ 分别构建 HEAVY 模型，包括确定低频数据条件协方差动态的 HEAVY - P 方程和刻画已实现测度动态的 HEAVY - M 方程。具体地，令 $r_{f,t} = \sigma_{f,t}\xi_{f,t}$，其中 $E[\xi_{f,t}^2 \mid \mathcal{F}_{t-1}^{HF}] = 1$。共同因子当期的条件方差由其滞后一期的已实现测度 $RM_{f,t-1}$ 和滞后一期的条件方差所决定 $\sigma_{f,t-1}^2$，即

$$\sigma_{f,t}^2 = \theta_0 + \theta_1 RM_{f,t-1} + \theta_2 \sigma_{f,t-1}^2 \tag{7.21}$$

而已实现测度 $RM_{f,t}$ 的条件均值 $\mu_{f,t}$ 也有类似的动态过程：

$$\mu_{f,t} = \theta_0^M + \theta_1^M RM_{f,t-1} + \theta_2^M \mu_{f,t-1} \tag{7.22}$$

对于 $i \in \{1, \cdots, N\}$ 的每一个个体的因子载荷 $\beta_{i,t}$ 都有：

$$\beta_{i,t} = \alpha_{i,0} + \alpha_{i,1} R\beta_{i,t-1} + \alpha_{i,2}\beta_{i,t-1} \tag{7.23}$$

$$\delta_{i,t} = \alpha_{i,0}^M + \alpha_{i,1}^M R\beta_{i,t-1} + \alpha_{i,2}^M \lambda_{i,t-1} \tag{7.24}$$

其中，$\beta_{i,t}$ 的已实现测度 $R\beta_{i,t} = RM_{if,t}/RM_{f,t}$，$\delta_{i,t}$ 为 $R\beta_{i,t}$ 的条件均值。类似地，对于每一个个体的特质项 $e_{i,t}$ 的条件方差 $\sigma_{i,t}^2$ 有

$$\sigma_{i,t}^2 = \gamma_{i,0} + \gamma_{i,1} RIV_{i,t-1} + \gamma_{i,2}\sigma_{i,t-1}^2 \tag{7.25}$$

其已实现测度 $RM_{i,t-1}$ 的条件均值 $\mu_{i,t}$ 有

$$\mu_{i,t} = \gamma_{i,0}^M + \gamma_{i,1}^M RIV_{i,t-1} + \gamma_{i,2}^M \mu_{i,t-1} \tag{7.26}$$

记 $r_t = (r_{f,t}, r_{1,t}, r_{2,t}, \cdots, r_{N,t})'$。与上一节类似，假定在上一期高频信息集已知的条件下，r_t 服从正态分布，而已实现测度 RM_t 服从 ν 个自由度的

Wishart 分布，即 $r_t \mid \mathcal{F}_{t-1}^{HF} \sim N(0,\ H_t)$，$RM_t \mid \mathcal{F}_{t-1}^{HF} \sim W_{N+1}\left(\nu,\ \frac{M_t}{\nu}\right)$。则日收益 r_t 的条件协方差矩阵和已实现测度RM_t 的条件期望分别为：

$$H_t = \begin{bmatrix} \sigma_{f,t}^2 & \beta_{1,t}\sigma_{f,t}^2 & \cdots & \beta_{N,t}\sigma_{f,t}^2 \\ \beta_{1,t}\sigma_{f,t}^2 & \beta_{1,t}^2\sigma_{f,t}^2 + \sigma_{1,t}^2 & \cdots & \beta_{1,t}\beta_{N,t}\sigma_{f,t}^2 \\ \vdots & \vdots & \ddots & \vdots \\ \beta_{N,t}\sigma_{f,t}^2 & \beta_{N,t}\beta_{1,t}\sigma_{f,t}^2 & \cdots & \beta_{N,t}^2\sigma_{f,t}^2 + \sigma_{N,t}^2 \end{bmatrix} \tag{7.27}$$

$$M_t = \begin{bmatrix} \mu_{f,t} & \delta_{1,t}\mu_{f,t} & \cdots & \delta_{N,t}\mu_{f,t} \\ \delta_{1,t}\mu_{f,t} & \delta_{1,t}^2\mu_{f,t} + \mu_{1,t} & \cdots & \delta_{1,t}\delta_{N,t}\mu_{f,t} \\ \vdots & \vdots & \ddots & \vdots \\ \delta_{N,t}\mu_{f,t} & \delta_{N,t}\delta_{1,t}\mu_{f,t} & \cdots & \delta_{N,t}^2\mu_{f,t} + \mu_{N,t} \end{bmatrix} \tag{7.28}$$

上述标准的单因子模型满足协方差平稳性的条件为：$0 \leqslant \theta_2 < 1$，$0 \leqslant \alpha_{i,2} < 1$，$0 \leqslant \gamma_{i,2} < 1$，$0 \leqslant \theta_1^M + \theta_2^M < 1$，$0 \leqslant \alpha_{i,1}^M + \alpha_{i,2}^M < 1$，$0 \leqslant (1 - 1/\nu)\gamma_{i,1}^M + \gamma_{i,2}^M < 1$。

类似于 GARCH 模型和 HEAVY 模型，Factor - HEAVY 模型也可基于最大似然法进行估计。具体地，将因子、因子载荷和特质项的三个 HEAVY - P 方程中的待估参数记为 $\psi = (\theta',\ \phi_1',\ \cdots,\ \phi_N')'$，其包括因子动态中的三个参数 $\theta:\ = (\theta_0,\ \theta_1,\ \theta_2)'$，以及针对每个资产的因子载荷和特质项各有三个参数 $\phi_i:\ = (\alpha_{i,0},\ \alpha_{i,1},\ \alpha_{i,2},\ \gamma_{i,0},\ \gamma_{i,1},\ \gamma_{i,2})'$。最大化如下样本拟似然函数：

$$L^P = -\frac{1}{2}\sum_{t=1}^{T}(\log|H_t| + r_t' H_t^{-1} r_t) \tag{7.29}$$

由于 $r_t = (r_{f,t},\ r_{1,t},\ r_{2,t},\ \cdots,\ r_{N,t})'$，将式（7.20）和式（7.27）代入式（7.29）中，得到

$$L^P = -\frac{1}{2}\sum_{t=1}^{T}\left(\log\sigma_{f,t}^2 + \frac{r_{f,t}^2}{\sigma_{f,t}^2}\right) - \frac{1}{2}\sum_{t=1}^{T}\sum_{i=1}^{N}\left(\log\sigma_{i,t}^2 + \frac{(r_{i,t} - \beta_{i,t}r_{f,t})^2}{\sigma_{i,t}^2}\right) \tag{7.30}$$

得到参数 θ 和 ϕ_i 的 QML 估计量分别为

$$\hat{\theta} = \underset{\theta}{\operatorname{argmin}}\sum_{t=1}^{T}\left(\log\sigma_{f,t}^2 + \frac{r_{f,t}^2}{\sigma_{f,t}^2}\right) \tag{7.31}$$

$$\hat{\phi}_i = \underset{\phi_i}{\operatorname{argmin}} \sum_{t=1}^{T} \sum_{i=1}^{N} \left(\log \sigma_{i,t}^2 + \frac{(r_{i,t} - \beta_{i,t} r_{f,t})^2}{\sigma_{i,t}^2} \right) \tag{7.32}$$

通过类似的方法可以估计 HEAVY - M 方程中的待估参数。但与上述过程不同的是，由于假定 $RM_t \mid \mathcal{F}_{t-1}^{HF} \sim W_{N+1}\left(\nu, \frac{M_t}{\nu}\right)$，所以对应的样本似然函数变为

$$L^M = -\frac{\nu}{2} \sum_{t=1}^{T} (\log |M_t| + \operatorname{tr}(M_t^{-1} RM_t)) \tag{7.33}$$

7.2 基于高频数据预测积分协方差矩阵：Factor - GARCH - Itô 模型

更一般地，金和范（2019）基于因子的高维 Itô 过程构建 Itô 扩散模型，将基于高频数据的积分协方差矩阵分解为低秩的因子协方差矩阵和稀疏的特质扰动项协方差矩阵，并假定因子协方差矩阵的特征值序列存在某种特定的 GARCH - Itô 结构，使其能有效解释积分协方差矩阵的动态特征。

假定在时点 t 一组资产的对数价格为 $X(t) = (X_1(t), \cdots, X_N(t))'$，其遵循如下连续时间的扩散过程：

$$dX(t) = \mu(t)dt + B(t)df(t) + \sigma'(t)dW^*(t) \tag{7.34}$$

$$df(t) = \vartheta'(t)dW(t) \tag{7.35}$$

假定因子个数为 r，则 $\mu(t)$ 为 $N \times 1$ 维漂移项，$B(t)$ 为 $N \times r$ 维因子载荷，$f(t)$ 为 $r \times 1$ 维未知因子，$\sigma(t)$ 为 $N \times N$ 维特质项波动率（标准差），$\vartheta(t)$ 为 $r \times r$ 维矩阵，$W(t)$ 和 $W^*(t)$ 分别为 r 维和 N 维的独立布朗运动，则 $X(t)$ 的瞬时协方差（Instantaneous Covariance）及在第 τ 个交易日（时间区间 $[\tau-1, \tau]$ 上）的积分协方差（Integrated Covariance）分别为：

$$ISCOV_t = B(t)\vartheta'(t)\vartheta(t)B'(t) + \sigma'(t)\sigma(t) \tag{7.36}$$

$$ICOV_\tau = \int_{\tau-1}^{\tau} ISCV_t dt = \int_{\tau-1}^{\tau} B(t)\vartheta'(t)\vartheta(t)B'(t)dt + \int_{\tau-1}^{\tau} \sigma'(t)\sigma(t)dt \tag{7.37}$$

记 $\Gamma_\tau := ICOV_\tau$，$\Psi_\tau := \int_{\tau-1}^{\tau} B(t)\vartheta'(t)\vartheta(t)B'(t)dt$，$\Sigma_\tau := \int_{\tau-1}^{\tau} \sigma'(t)\sigma(t)dt$，

则 Ψ_τ 为资产收益率协方差中由市场、行业、宏观经济等共同因子所带来的波动，而 Σ_τ 则由资产的特质性成分所控制。假定因子波动矩阵的特征向量在一个交易日内不变，而特征值瞬时可变。设 $\lambda_{\tau,j}$ 为 Ψ_τ 第 j 个最大的特征值，$\xi_{\tau,j}$为对应的特征向量，$\lambda_{t,j}(\theta_j)$ 为对应的共同因子瞬时协方差矩阵 $B(t)\vartheta'(t)\vartheta(t)B'(t)$ 的第 j 个最大特征值，金和范（2019）将通过对瞬时特征值 $\lambda_{t,j}(\theta_j)$ 施加特定的参数结构而给出 Factor – GARCH – Itô 模型的定义。

具体地，资产的对数价格 $X(t)$ 可由 Factor – GARCH – Itô 模型刻画，如果对于任意 $j\in\{1, 2, \cdots, r\}$ 及任意 $t\in[\tau-1, \tau]$，有：

$$d\xi'_{\tau,j}X(t) = \sqrt{N}\mu_j dt + \sqrt{\lambda_{t,j}(\theta_j)}dW_j(t) + \xi'_{\tau,j}\sigma'(t)dW^*(t) \tag{7.38}$$

$$\lambda_{t,j}(\theta_j) = \lambda_{[t],j}(\theta_j) + (t-[t])\{\omega_j N + (\gamma_j - 1)\lambda_{[t],j}(\theta_j)\} + \sum_{l=1}^{r}\alpha_{j,l}\left(\int_{[t]}^{t}\sqrt{\lambda_{s,l}(\theta_l)}dW_l(s)\right)^2 \tag{7.39}$$

其中，$[t]$ 表示 t 取整数，$\mu_j = N^{-1/2}\xi'_{\tau,j}\mu(t)$ 取非负值，$\theta_j = (\omega_j, \gamma_j, \alpha_{j,1}, \cdots, \alpha_{j,r})$ 为模型待估参数。该模型假定瞬时特征值为连续时间过程，因此由式（7.39）可得积分共同因子协方差 Ψ_τ 的特征值 $\lambda_{\tau,j}$有如下 GARCH 结构：

$$\lambda_{\tau,j}(\theta_j) = \omega_j N + \gamma_j\lambda_{\tau-1,j}(\theta_j) + \sum_{l=1}^{r}\alpha_{j,l}\left(\int_{\tau-1}^{\tau}\sqrt{\lambda_{t,l}(\theta_j)}dW_l(t)\right)^2 \tag{7.40}$$

容易发现，与 Factor – HEAVY 模型的离散型设定，及针对因子波动、因子载荷、特质项波动分别构建 HEAVY 双方程不同，Factor – GARCH – Itô 模型更一般地给出连续型设定，并针对瞬时因子波动的特征值构建 GARCH 模型。

类似于 HEAVY 模型的估计，通过最大化拟似然函数可得到 Factor – GARCH – Itô 模型的参数估计量 $\hat{\theta}$（令 $\theta = (\theta_j)_{1\leqslant j\leqslant r}$）。进一步，令 $\alpha = (\alpha_{j,l})_{1\leqslant j,l\leqslant r}$，$\lambda_t(\theta) = (\lambda_{t,j}(\theta_j))_{1\leqslant j\leqslant r}$，则对于 $\|\alpha\|_2 < 1$ 且 $\det(\alpha)\neq 0$，对于非负整数 τ 有

$$\int_{\tau-1}^{\tau}\lambda_t(\theta)dt = h_\tau(\theta) + D_\tau \quad \text{a. s.} \tag{7.41}$$

且

$$E\left[\int_{\tau-1}^{\tau}\lambda_t(\theta)dt \mid \mathcal{F}_{\tau-1}^{HF}\right] = h_\tau(\theta) \quad \text{a. s.} \tag{7.42}$$

其中，

$$h_\tau(\theta) = N\alpha^{-2}\left(\sum_{k=0}^{\infty}\frac{\alpha^k}{k!} - I_r - \alpha\right)\omega + \varrho\lambda_{\tau-1}(\theta) \tag{7.43}$$

$$D_\tau = \sum_{k=0}^{\infty}\alpha^{k+1}\left(2\int_{\tau-1}^{\tau}\frac{(\tau-t)^{k+1}}{(k+1)!}\int_{\tau-1}^{t}\sqrt{\lambda_{s,j}(\theta_j)}\, dW_j(s)\sqrt{\lambda_{t,j}(\theta_j)}dW_j(t)\right)'_{j=1,\cdots,r} \tag{7.44}$$

其中，$\varrho = \alpha^{-2}\left(\sum_{k=0}^{\infty}\frac{\alpha^k}{k!} - I_r - \alpha\right)(\mathrm{diag}(\gamma) - I_r) + \alpha^{-1}\left(\sum_{k=0}^{\infty}\frac{\alpha^k}{k!} - I_r\right)$，$I_r$ 为 r 维单位阵。

令$\hat{\Gamma}_\tau$ 为第 τ 个交易日资产对数收益率积分协方差矩阵的估计量（子抽样估计量或已实现核估计量或已实现预平均估计量），其有如下谱分解

$$\hat{\Gamma}_\tau = \sum_{j=1}^{N}\hat{\lambda}_{\tau,j}\hat{\xi}_{\tau,j}\hat{\xi}'_{\tau,j} \tag{7.45}$$

将拟最大似然法所得参数估计量带入式（7.43），得到$\hat{h}_{\tau+1}(\hat{\theta}) = (\hat{h}_{\tau+1,j}(\hat{\theta}))_{1\leqslant j\leqslant r}$。进一步，可得到共同因子成分的协方差矩阵估计量为

$$\hat{\Psi}_\tau - \sum_{j=1}^{r}\hat{h}_{\tau+1}(\hat{\theta})\hat{\xi}_{\tau,j}\hat{\xi}'_{\tau,j} \tag{7.46}$$

最后，得到在第 τ 个交易日，资产的对数收益率 $X(\tau)$ 的条件协方差估计量为

$$\widehat{ICV}_\tau = \hat{\Psi}_\tau + \hat{\Sigma}_\tau \tag{7.47}$$

其中，特质项的协方差矩阵由稀疏估计法得到：

$$\hat{\Sigma}_\tau = (\hat{\sigma}_{\tau,ij})_{N\times N},\quad \hat{\sigma}_{\tau,ij} = \begin{cases} s_{\tau,ij}, & i=j; \\ h(s_{\tau,ij};\ \tilde{\omega}_{ij}), & i\neq j. \end{cases} \tag{7.48}$$

其中，$\tilde{\omega}_{ij}$为阈值参数，$S_\tau = (s_{\tau,ij})_{1\leqslant i,j\leqslant N} = \hat{\Gamma}_\tau - \hat{\Psi}_\tau$。金和范（2019）证明了通过上述拟最大似然估计所得参数估计量和条件协方差矩阵估计量的渐近性质及有限样本性质。

7.3 本章总结

本章在基于高频数据估计高维协方差矩阵的基础上，考虑协方差的动

态性。本章主要对两类前沿文献进行介绍，其一是以学者（Shephard and Sheppard，2010）提出的HEAVY模型为基础，通过对收益率的协方差矩阵及已实现协方差矩阵施加GARCH结构，构建双方程而实现日收益条件协方差矩阵的估计和动态预测。谢泼德和许（2014）通过对因子模型的因子、载荷及特质扰动项分别构建HEAVY模型，将其扩展至Factor - HEAVY模型，一方面通过对因子的波动、条件因子载荷和特质项的波动分别建模，能更有效地模拟和预测各成分的动态结构，避免了对所有资产的协方差施加共同的动态结构所带来的设定性偏误；另一方面，则通过因子模型实现有效降维。

其二是金和范（2019）提出的Factor - GARCH - Itô模型，该模型考虑连续时间的资产价格，对其建立连续时间的因子模型。不同于Factor - HEAVY模型对因子、载荷及特质扰动项分别构建HEAVY模型，Factor - GARCH - Itô模型通过对共同成分协方差矩阵的特征值构建GARCH模型而实现动态预测。这两类模型都可通过拟最大似然法得到参数的有效估计量，最后实现协方差矩阵的有效估计和预测，且其大样本性质和有限样本性质都已得到证明。除此以外，波勒斯列夫等（2019）还通过假定市场微观结构噪声部分存在因子结构，得到理论上更有效、有限样本更精确的基于高频数据的高维协方差矩阵估计量。

第8章 实证应用：高维金融资产组合构建

自马科维茨（Markowitz，1952）提出均值—方差模型以来，金融资产的期望收益率以及收益率的协方差矩阵，作为影响组合选择（portfolio selection）的重要因素而受到广泛关注。金融学对于资产期望收益率的研究已相当成熟，相关文献非常丰富，格林等（Green et al.，2013）和侯等（Hou et al.，2015）对其中最有影响力的300多篇文献进行了精彩的综述。而对收益率协方差矩阵的研究则相对较为滞后，这就导致实际的量化投资策略往往仅基于期望收益率的简单排序分组进行，即舍弃协方差矩阵中包含的信息，而只考虑资产的期望收益率。这是过去高维计量理论不完备情况下的无奈之举。本章将运用前沿的协方差矩阵估计方法构建最优高维金融资产组合，包含仅考虑协方差而不考虑收益预测信号的最小方差组合、仅考虑收益预测信号而不考虑协方差的Sorting组合以及综合考虑协方差和收益预测信号的Markowitz均值—方差有效组合。

8.1 收益预测信号

我们知道马科维茨（1952）最优资产组合的构建需要两类估计量，其一是各资产期望收益的估计（预测），其二是各资产收益协方差矩阵的估计。前面三章我们重点研究了如何估计资产收益的协方差矩阵，这一部分我们将重心放在对资产期望收益的预测上。

在股票市场的研究中，学者和实际投资者都在探求能够预测股票未来收益的变量，这些变量可能直接来自财务报表，也可能由较为复杂的公式或模型求得，或者由其他公开信息得到，我们将其统称为收益预测信号。毫无疑问，收益预测信号是构建有效金融资产组合的首要要素。众多关于收益预测信号的研究致力于发现或提出一种新的收益预测信号，并说明其有效性；而格林等（2013）和侯等（2015）则对现存文献中的收益预测信号进行了较为全面的综述。以此为基础，我们共搜集整理了61个有代表性的收益预测信号，并将其归为动量、价值增长比、投资、盈利能力、无形资产、波动六大类，下文分别介绍每一个收益预测信号的来源以及如何计算基于该信号的因子得分。

8.1.1 动量类

我们考虑了以下6个动量类收益预测信号：前11个月的动量（11－MM）、前1个月的动量（1－MM）、前6个月的动量（6－MM）、前1个月的最大日收益（Mxret）、前6个月的动量增量（Δ6－MM）、盈余公告日前后的累积异常收益（Abr）。

11－MM

前11个月的动量（11－MM），这一收益预测信号由法玛和弗兰奇（Fama and French，1996）提出，其定义为：投资日前12个月到前1个月的市场平均收益，即过去一年除去刚过去的一个月的平均收益。设每个月包含了21个投资日，记投资的时点为h，则11－MM为从第$h-252$天到第$h-22$天的平均收益。

1－MM

前1个月的动量（1－MM），这一收益预测信号由杰格迪什和蒂特曼（Jegadeesh and Titman，1993）提出，其定义为：投资日前1个月的市场收益，即从第$h-21$天到第$h-1$天的平均收益。

6－MM

同样由杰格迪什和蒂特曼（1993）提出，前6个月的动量（6－MM），其定义为：投资日前 7 个月到前 1 个月的市场平均收益，即从第 $h-147$ 天到第 $h-22$ 天的平均收益。

Mxret

巴利等（Bali et al.，2011）发现前 1 个月的最大日收益（Mxret）对未来收益也有较高的预测能力，其计算为：前一个月（第 $h-21$ 天到第 $h-1$ 天）出现的最大日收益。

Δ6 – MM

金特尔曼和马克斯（Genttleman and Marks，2006）提出用 6 个月的动量变化作为收益预测信号，即 $\Delta 6-MM=6\_MM_t-6\_MM_{t-1}$，其中 6_MM 的定义与前面 6 – MM 相同。

Abr

与陈等（Chan et al.，1996）一致，盈余公告日前后的累积异常收益（Abr）的计算如下：

$$Abr_i := \sum_{d=-2}^{1}(r_{id}-r_{md}) \tag{8.1}$$

其中，r_{id} 为股票 i 在第 d 天的收益，r_{md} 为价值加权的市场指数收益，$d=0$ 表示盈余公告日，$d=-2$，1 分别表示盈余公告日前两天和后一天。

8.1.2 价值增长比

价值增长比类包括以下 17 个：美元成交量（Dvol）、市值（ME）、账面价值市值比（B/M）、资产增长率（Agr）、市盈率（E/P）、长期负债增长率（Δlgr）、股东权益增长率（Δceq）、经营现金流（Cflow）、现金价格比（Cash）、股息生息率（D/P）、股利支付率（O/P）、净股利支付率（NO/P）、销售增长率（SG）、市场杠杆（A/ME）、盈余公告日月的异常成交量（Aevol）、盈利意外（Sue）、订单储备增量（OB）。

Dvol

美元成交量（Dvol）是指最近的倒数第二个月（第 $h-42$ 天到第 $h-22$ 天）的成交价值。根据乔迪亚等（Chordia et al.，2001），其测度为倒数第二个月每天的美元成交量总和的自然对数，其中每天的美元成交量等于股价乘以成交量。

ME

班茨（Banz，1981）首先提出将企业市值作为一种收益预测信号。对于每一个投资时点 h，我们计算其前一天的市值作为收益预测信号。市值的计算方法为股价乘以流通在外股票数。

B/M

罗森伯格等（Rosenberg et al.，1985）提出用账面价值与市值的比值（B/M）作为一种收益预测信号。同样地，对于每一个投资时点 h，我们计算其前一天的 B/M 作为收益预测信号。其中市值 M 与上文介绍的市值定义相同，账面价值则来自最近一期的季度报表公布的数据。具体地，账面价值的测度是戴维斯等（Davis et al.，2000）年度账面价值数据的季度版；即为普通股权账面价值加上优先股面值，再加资产负债表递延税收和投资税收抵免，最后减去优先股账面价值（赎回价格）。

Agr

与库珀等（Cooper et al.，2008）类似，我们用这一期的总资产除以上一期的总资产，来构建资产增长因子（Agr）。

E/P

根据巴苏（Basu，1983），市盈率（E/P）是一个非常有效的收益预测信号。实证中，我们的计算方式为未付特殊项目前的收益除以第 $h-1$ 天的市值。

Δlgr

长期债变化（Δlgr）作为一种收益预测信号，由斯科特等（Scott et al.，2005）提出，其测度为这一期的长期债除以上一期的长期债，再减 1。

Δceq

斯科特等（2005）也提出用普通股权益（Δceq）作为一种收益预测信号，其测度为这一期的普通股权除以上一期的普通股权，再减 1。

Cflow

根据霍格和洛克伦（Houge and Loughran，2000），我们定义经营活动的现金流（Cflow）为最近一个季度经营活动的净现金流，除以最近两个季度总资产的平均值，其中经营活动的净现金流为净现金流减经营收益。经营收益的计算，我们采用了斯隆（Sloan，1996）的方法：

$$OA:=(\Delta actq-\Delta cheq)-(\Delta lctq-\Delta dlcq-\Delta txpq)-dpq \qquad (8.2)$$

其中，Δ 统一表示相应变量相对上一期的变化，$actq$，$cheq$，$lctq$，$dlcq$，$txpq$，dpq 分别表示流动资产、现金和现金等价物、流动负债、属于流动负债的债务、应付所得税款项、折旧和摊销的季度数据。

Cash

钱德拉塞卡尔和饶（Chandrashekar and Rao）也以现金为收益预测因子，但其定义和计算略有不同，为价格现金比：

$$Cash:=(ME+dlttq-atq)/cheq \qquad (8.3)$$

其中，ME 表示市值，$dlttq$、atq、$cheq$ 分别表示长期债务、总资产、现金或现金等价物的季度数据。我们的实证中，对于每一个投资时点 h，用第 $h-1$ 天的数据计算市值，$dlttq$，atq，$cheq$ 则来源于最近一期的季度报表。

D/P

和利普伯格和拉马斯瓦米（Litzenberger and Ramaswamy，1979）一样，股息生息率（D/P）为前一年支付的总红利除以最近（第 $h-1$ 天）的市值 ME。其中前一年支付的总红利是从第 $h-252$ 天到第 $h-1$ 天的日红利加总，而日红利通过带息收益和除息收益之差得到。

O/P

学者（Boudoukh et al.，2007）提出将股利支付率（O/P）作为一种收益预测信号，其计算为前一年的普通股红利加回购，除以第 $h-1$ 天的市值。其中回购为普通股和优先股购买的总支出减去流通在外优先股净数量价值的变化。

NO/P

学者（Boudoukh et al.，2007）同时提出股利净支付率（NO/P），其在 O/P 的基础上减去权益发行—市值比，而权益发行等于售出的普通股和优先股减去流通在外优先股净数量价值的变化。

SG

学者（Lakonishok et al.，1994）将销售增长（SG）作为一种收益预测信号，其定义为销售的增长率。实证中，我们用季度的销售增长率作为信号。

A/ME

基于班达（Bhandari，1988），A/ME 为总资产除以市值。

Aevol

勒曼等（Lerman et al.，2008）提出将盈余公告日月的异常成交量（Aevol）作为一种收益预测信号，其测度为：

$$Aevol_i := \frac{Avg_{d\in[-1,1]}(vol_{id})}{Avg_{d\in[-63,-8]}(vol_{id})} - 1 \tag{8.4}$$

其中，Avg 表示求均值，vol 表示成交量，$d=0$ 表示盈余公告日。因此式（8.4）表示从盈余公告日前一天到后一天的平均股票成交量，除以盈余公告日前 63 天到前 8 天的平均股票成交量，再减 1。

Sue

福斯特等（Foster et al.，1984）是这样定义盈利意外（Sue）的：最近一次公告的季度每股收益相对于四个季度前的每股收益的变化，除以前八个季度的每股收益标准差。

OB

学者（Gu et al.，2009）提出以订单储备（OB）作为一种收益预测信号，其测度为年订单储备除以过去两年的总资产均值。

8.1.3 投资类

投资类收益预测因子，我们考虑了以下 13 个：营运资本收益（Acc）、资本支出和存货增量（Δcapx）、存货增量（Cii）、异常公司投资（Aci）、净股票发行（Nsi）、净经营资产（Noa）、投资增长率（IG）、净外部融资（Nxf）、复合发行（Cei）、总收益（TA/A）、存货增长率（Ivg）、经营收益占比（Poa）、总收益占比（Pta）。

Acc

斯隆（1996）这样测度营运资本收益（Acc）：季度经营收益（OA）除以这一季度与上一季度总资产均值，其中 OA 的定义见式（8.2）。

Δcapx

资本支出和存货增量（Δcapx）的测度为总财产、厂房、设备的增量加存货增量，除以滞后一期的总资产。（Lyandres 等（2008））

Cii

与托马斯和张（Thomas and Zhang，2002）一样，我们也考虑存货增量（Cii）作为一种收益预测信号，即存货的增量除以总资产均值。

Aci

蒂特曼等（Titman et al.，2004）这样定义异常公司投资（Aci）：

$$Aci_t: =\frac{3CE_{t-1}}{CE_{t-2}+CE_{t-3}+CE_{t-4}}-1 \tag{8.5}$$

其中，CE_{t-j}为第 $t-j$ 年的资本支出除以当年的销售额。

Nsi

庞斯和伍德盖特（Pontiff and Woodgate，2008）提出将股票净发行（Nsi）作为一种收益预测信号。其测度为过去一年（第 $h-252$ 天到第 $h-1$ 天）经拆股调整后的平均流通在外股票数与过去第二年（第 $h-504$ 天到第 $h-253$ 天）经拆股调整后的平均流通在外股票数比值的自然对数。

Noa

和赫什莱佛等（Hirshleifer et al.，2004）一样，我们测度净经营资产（Noa）为经营资产减经营负债。其中经营资产为总资产减现金和短期投资，经营负债为总资产分别减属于流动负债的债务、长期债务、少数股东权益、优先股、普通股权益。

IG

基于邢（Xing，2008），我们用过去一年资本支出的增长率作为投资增长（IG）。

Nxf

根据布拉德肖等（Bradshaw et al.，2006），净外部融资（Nxf）为净权益融资和净债务融资之和除以近两年总资产均值。净权益融资等于出售普通股和优先股的所得，减回购普通股和优先股的现金支付，减红利的现金支付；净债务融资为发行长期债所得现金减去减持长期债的现金支付，加流动性债务的净变化。

Cei

根据丹尼尔和蒂特曼（Daniel and Titman，2006），复合发行（Cei）定义为过去5年市值的增长率中不能归因于股票收益的部分。具体为：

$$Cei_t := \log(ME_t - ME_{t-5}) - \log(r(t-5, t)) \tag{8.6}$$

其中，$r(t-5, t)$ 表示过去5年（第 $h-1260$ 天到第 $h-1$ 天）的累积收益，ME 为市值，ME_t 为第 $h-1$ 天的市值，ME_{t-5} 为第 $h-1260$ 天的市值。

TA/A

理查德森等（Richardson et al.，2005）提出将TA/A作为一种收益预测信号，其测度为总收益（TA）除以滞后一期的总资产，其中TA定义为

$$TA := \Delta WC + \Delta NCO + \Delta FIN \tag{8.7}$$

其中，Δ表示增量，WC，NCO，FIN 分别表示净非现金营运资本、净非流动性经营资产、净金融资产：

$$WC := act - che - (lct - dlc) \tag{8.8}$$

$$NCO := at - act - ivao - (lt - lct - dltt) \tag{8.9}$$

$$FIN := ivst + ivao - (dltt + dlc + pstk) \tag{8.10}$$

这里 act、che、lct、dlc、at、$ivao$、lt、$dltt$、$ivst$、$pstk$ 分别表示流动资产、现金和短期投资、流动负债、属于流动负债的债务、总资产、长期投资、总负债、长期债务、短期投资、优先股。

Ivg

贝洛和林（Belo and Lin，2012）用存货增长率（Ivg）作为一种收益预测因子，即这一年的存货比上一年的存货，减1。

Poa

哈夫萨拉等（Hafzalla et al.，2011）提出用经营收益百分比（Poa）作为一种收益预测信号，其测度为经营收益（OA）除以净利润，其中OA的定义见式（8.2）。

Pta

哈夫萨拉等（2011）同时提出用总收益百分比（Pta）作为一种收益预测信号，其测度为总收益（TA）除以净利润，其中TA的定义见式(8.7)。

8.1.4 盈利能力类

盈利能力类收益预测因子，我们考虑了以下13个：递延收入增量（Δdrev）、F得分（F-score）、利润率增量（ΔPM）、资产周转率（Ato）、税收费用增量（Δtax）、资产收益率（Roa）、总盈利能力（Gma）、投资资本回报（Roic）、权益收益率（Roe）、净经营资产收益率（Rna）、应税所得比账面收入（TI/BI）、资本周转率（Cto）、O得分（O-score）。

Δdrev

学者（Prakash and Sinh，2013）提出将递延收益的增长率（Δdrev）作为一种收益预测信号。

F-score

皮奥特洛斯基（Piotroski，2001）定义如下F得分（F-score）作为一种收益预测信号：

$$F:=F_{Roa}+F_{\Delta Roa}+F_{Cfo}+F_{Acc}+F_{\Delta Margin}+F_{\Delta Turn}+F_{\Delta Lever}+F_{\Delta Liquid}+F_{EQ} \tag{8.11}$$

其中所有的$F.$都为二元信号变量，当脚标表示的变量为正时取1，否则取0。脚标的定义如下：Roa为未付特殊项目前的收益除以滞后一期的总资产；ΔRoa为Roa的增量；Cfo表示经营活动的现金流（等于营运现金流减营运资本的变化）除以滞后一期的总资产；Acc等于Cfo减Roa；$\Delta Margin$表示毛利（销售额减总营业务成本）的变化；$\Delta Turn$为周转率的变化，而周转率等于当期销售额比上一期的总资产；$\Delta Lever$为杠杆率的变化，而杠杆率等于当期长期债务比两期总资产均值；$\Delta Liquid$为流动率的变化，其中流动率为流动资产比流动负债；F_{EQ}用来测度企业在当期是否发行普通股权，EQ 等于优先股增量减去普通股和优先股的售出值。

ΔPM

参照苏莱曼（Soliman，2008），选择总利润率的变化（ΔPM）作为一种收益预测信号，其中总利润率为折旧后营业收入除以销售额。

Ato

参照苏莱曼（2008），选择资产周转率（Ato）作为一种收益预测信号，其等于销售额除以滞后一期的净经营资产 Noa（见 8.1.3）。

Δtax

参照托马斯和张（2011），税收费用增量（Δtax）用第 t 季度的税收费用减第 $t-4$ 季度的税收费用，除以第 $t-4$ 季度的总资产得到。

Roa

资产收益率（Roa）为未付特殊项目前的收益比上滞后一期的总资产（Balakrishnan et al.，2010）。

Gma

诺维—马克斯（Novy - Marx，2010）测度总盈利能力为销售额减总营业成本，除以滞后一期的总资产。

Roic

根据布朗和罗（Brown and Rowe，2007），投资资本回报（Roic）等于除折旧后的营业收入除以滞后一期的经营资产，其中经营资产等于总资产减现金和短期投资。

Roe

权益回报率（Roe）等于未付特殊项目前的收益比上滞后一期的账面

权益价值（Haugen and Baker，1996）。

Rna

经营资产回报率（Rna）为除折旧后经营收益除以滞后一期的净经营资产（Noa）。

TI/BI

参照格林等（2014），应税所得比账面收益（TI/BI）为税前收益除以净收益。

Cto

资本周转率（Cto）为销售额除以滞后一期的总资产（Haugen and Baker，1996）。

O-score

Ohlson（1981）提出 O 得分（O-score）为：

$$O := -1.32 - 0.407\log(at) + 6.03tlta - 1.43wcta + 0.076clca - 1.72oeneg - 2.37nita - 1.83futl + 0.285intwo - 0.521chin \tag{8.12}$$

其中，$tlta := (dlc + dltt)/at$，$wcta := (act - lct)/at$，$clca := lct/act$，$nita := ni/at$，$futl := pi/lt$，$chin = (ni_t - ni_{t-1})/(|ni_t| + |ni_{t-1}|)$。当 lt 超过 at 时，$oeneg$ 取 1，否则取 0；当过去两期的 ni 都为负时，$intwo$ 取 1，否则取 0。at，dlc，$dltt$，act，lct，ni，pi，lt 分别表示总资产、债务属于流动负债的部分、长期债务、流动资产、流动负债、净利润、税前利润、总债务。

8.1.5 无形资产类

无形资产类收益预测信号包括以下 8 个：雇员增长率（Egr）、广告费用增量（Δade）、R&D 增量（Rdi）、广告费用市值比（Ad/M）、R&D 销量比（RD/S）、R&D 市值比（RD/M）、R&D 资本比总资产（Rc/A）、经营杠杆（OL）。

Egr

巴茨德雷奇等（Bazdrech et al.，2008）提出用雇员增长率（Egr）作为一种收益预测信号。

Δade

根据钦姆曼苏尔和严（Chemmanur and Yan，2009），广告费用增量（Δade）也可作为一种收益预测信号，其定义为当期与前一期广告费用比的自然对数。

Rdi

埃伯哈德等（Eberhart et al.，2004）提出用 R&D 支出的增长率（Rdi）作为一种收益预测信号。

Ad/M

陈等（2001）提出用广告费用市值比（Ad/M）作为一种收益预测信号。

RD/S

陈等（2001）提出用 R&D 支出比销售收入（RD/S）作为一种收益预测信号。

RD/M

陈等（2001）提出也可以用 R&D 支出比市值（RD/M）作为一种收益预测信号。

Rc/A

参照李（Li，2011），构造 R&D 资本比资产（Rc/A），其中 R&D 资本（Rc）是以 20% 为折旧率对过去 5 年的 R&D 费用（*xrd*）进行加权平均所得，即：

$$Rc: \ =xrd_{t-1}+0.8xrd_{t-2}+0.6xrd_{t-3}+0.4xrd_{t-4}+0.2xrd_{t-5} \qquad (8.13)$$

OL

参照诺维—马克斯（Novy－Marx，2011），经营杠杆（OL）的测度为销售成本加销售、管理及办公室费用，再除以总资产。

8.1.6 波动类

波动类包括 4 个：股票交易率（Turn）、总波动（Tvol）、收益波动（Avol）、现金流波动（Cvol）。

Turn

达塔等（Datar et al.，1998）测度股票交易率（Turn）为过去 6 个月的股票平均日交易率，其中日交易率为每天交易的股票量除以流通在外股票数。

Tvol

学者（Ang et al.，2006）提出以总波动（Tvol）作为一种收益预测信号，即以过去一个月的股票日收益的标准差作为信号。

Avol

班德亚帕德耶等（Bandyopadhyay et al.，2010）提出以收益波动（Avol）作为一种收益预测信号，其测度为前 16 个季度的总收益（TA）销售额比值的标准差。

Cvol

黄（Huang，2009）的现金流波动（Cvol）为过去 16 个季度的现金流（CF）标准差，其中 CF 定义为未付特殊项目前的收益，加折旧和摊销费用，再加净非现金营运资本的增加（ΔWC，见 8.1.3）。

8.2 数据和一些组合构建准则

迄今为止，已有大量的文献专门研究投资策略。我们不以比较这些策略为目的，而是以这些策略为工具，验证非线性压缩方法对于估计条件协方差矩阵的有效性。我们的研究对象为 NASDAQ 和 NYSE 上市交易的股票。股票日收益数据来源于证券价格研究中心（CRSP）。我们考察了上一部分介绍的 61 个收益预测信号，相应数据来源于 CRSP/Compustat 混合数据库。

为简化计算且不失一般性，我们假定：一个交易月由 21 个连续的交易日组成；每个交易月的月初，我们对构建的组合进行一次更新。对于 8.2.1 部分的最小方差组合，我们的每次更新是基于最近的前 250 个交易日的收益数据提供的信息，即 $T=250$；样本外预测期间是 1991 年 12 月 31 日到 2015 年 12 月 31 日，一共包含了 288 个交易月（6048 个交易日），即进行了 288 次组合构建。对于 8.2.3 部分的 Sorting 组合和 Markowitz 组合，我们的每次更新是基于最近的前 1250 个交易日的收益数据提供的信息，即 $T=1250$；样本外预测期间是 1986 年 1 月 8 日到 2015 年 12 月 31 日，一共包含了 360 个交易月（7560 个交易日），即进行了 360 次组合构建。

在每一个组合构建更新日，我们选择投资域的具体做法是：首先，选择出更新日最近的前 T（对于最小方差组合，$T=250$；对于 Sorting 组合和 Markowitz 组合，$T=1250$）个交易日和后 21 个交易日都存在完整日回报率数据的股票，如假定更新期为 h，则我们需要股票在 $h-T$ 到 $h+20$ 的时间区间内数据完整。第二，在每一个更新日，对满足上述条件的股票按市值大小进行排序，选择市值最大的前 1000 支股票。第三，在这 1000 支股票中，随机选择出 N 支股票。

回顾现有文献，我们发现，研究协方差矩阵样本外估计量时，构建最小方差组合最为常用，其最重要的原因是最小方差组合的权重由样本外协方差矩阵唯一确定，而不受收益预测的影响。除此以外，学者们还发现，构建的最小方差组合往往有良好的样本外性质，即所构建的组合不仅有较低的风险，而且有较高的夏普尔率（收益—风险比），如豪根和贝克（Haugen and Baker，1991），贾格纳坦和马（Jagannathan and Ma，2003），尼尔森和阿依鲁卜拉曼尼亚（Nielsen and Aylursubramanian，2008）。

共同基金经理除了构建最小方差组合，更多的时候会依据一些收益预测信号构建具有较高夏普尔率期望值的组合，为让我们的实证分析更有实际意义，我们进一步构建依据收益预测信号的 Sorting 组合和 Markowitz 组合。苏布拉马尼亚姆（Subrahmanyam，2010）对收益预测信号进行了较为全面的综述，并总结了提取收益预测信号的四种途径，分别是：非正式的华尔街智慧（如价值投资），基于风险收益模型变体的理论动机，具有挑战性认知的投资者的行为偏误和错误反应，摩擦性因素（如流动性不足、套利限制等）。基于这四种途径，苏布拉马尼亚姆（2010）总结了 50 多个收益预测信号，麦克利恩和庞斯（Mclean and Pontiff，2016）总结了 82 个收益预测信号，格林等（2013）则总结了 333 个收益预测信号。综合考虑这些收益预测信号的表现显著性、可获得性和相关性，我们考察了 8.1 部分介绍的 61 个有代表性的收益预测信号。

在 8.2.1 部分考察最小方差组合时，我们构建的组合大小（即横截面维度 N）包含如下集合：{30，50，100，250，500}。这一横截面维度集的选择涵盖了包括道琼斯工业平均、S&P 500 等在内的大部分重要指数的横截面维度。为了进一步说明非线性压缩方法对于高维矩阵估计的适用性，在 8.2.2 对比 Sorting 组合 Markowitz 组合部分，我们考察的横截面维度集为：{100，500，1000}。

8.2.1 最小方差组合的构建

在不施加卖空约束的假定下，我们考察最小方差组合。该问题可用如下表达式描述：

$$\min_{\omega} \omega' \Sigma \omega \tag{8.14}$$

$$\text{s.t.} \quad \omega' \mathbf{1} = 1 \tag{8.15}$$

其中，ω 为投资组合的权重向量，Σ 为投资组合的协方差矩阵，$\mathbf{1}$ 表示所有元素都为 1 的 $N \times 1$ 维向量。这一最小化问题的解为：

$$\omega = \frac{\Sigma^{-1} \mathbf{1}}{\mathbf{1}' \Sigma^{-1} \mathbf{1}} \tag{8.16}$$

实际中，最直观的策略就是用总体协方差矩阵的估计量$\tilde{\Sigma}$代替未知的总体协方差矩阵Σ，从而得到可行的组合权重解为：

$$\tilde{\omega}:=\frac{\tilde{\Sigma}^{-1}\mathbf{1}}{\mathbf{1}'\tilde{\Sigma}^{-1}\mathbf{1}} \tag{8.17}$$

8.2.2 基于一阶矩Sorting组合与基于二阶矩Markowitz组合的构建

这一部分,我们基于给定的收益预测信号,构造基于传统sorting方法的多空头中性的组合和基于二阶矩的Markowitz组合,并进行对比分析。收益预测信号即为未来收益的代理变量,我们基于每一种收益预测信号计算相应的因子得分。记在t时刻,N维资产的因子得分为横截面向量$m_t:=(m_{t,1}, m_{t,2}, \cdots, m_{t,N})'$。设$\omega_{t,i}$表示在$t$时刻分配给资产$i$的权重，我们构造的多空头中性组合需要满足如下条件：

$$\sum_{\omega_{t,i}<0}|\omega_{t,i}| = \sum_{\omega_{t,i}>0}|\omega_{t,i}| = 1 \tag{8.18}$$

1. 基于一阶矩的Sorting组合

设B表示分位点数，最常见的分组包括$B=3$，5，10，分别表示三分位、五分位和十分位；设d表示不大于N/B的最大整数。令$\{(1), (2), \cdots, (N)\}$为$\{1, 2, \cdots, N\}$的重排，其使得因子得分满足：

$$m_{t,(1)}\leqslant m_{t,(2)}\leqslant\cdots\leqslant m_{t,(N)} \tag{8.19}$$

设基于因子得分的Sorting组合分配给资产的权重向量为$\boldsymbol{\omega}_t^{So}$，则

$$\omega_{t,(1)}^{So}=\cdots=\omega_{t,(d)}^{So}=-1/d \tag{8.20}$$

$$\omega_{t,(d+1)}^{So}=\cdots=\omega_{t,(N-d)}^{So}=0 \tag{8.21}$$

$$\omega_{t,(N-d+1)}^{So}=\cdots=\omega_{t,(N)}^{So}=1/d \tag{8.22}$$

记$\boldsymbol{X}_t$为在时刻t的$N\times 1$维收益向量，则这一Sorting组合在t时刻取得的收益为$R_t^{So}:=\boldsymbol{X}_t'\boldsymbol{\omega}_t^{So}$。

2. 基于二阶矩的Markowitz组合

在这一节，我们想要构建这样一个组合：它与上一部分的Sorting组合

相比，既有相同的期望收益，又有较小的期望方差。因此，权重除了满足式（8.18）外，还需要满足：

$$\min_{\omega} \boldsymbol{\omega}' H_t \boldsymbol{\omega} \tag{8.23}$$

$$\text{s.t.} \quad \boldsymbol{m}_t' \boldsymbol{\omega} = \boldsymbol{m}_t' \boldsymbol{\omega}_t^{So} \tag{8.24}$$

其中，H_t 为 $\boldsymbol{X}_t$ 的（条件）协方差矩阵估计量。记以上投资问题的最优权重解为 $\boldsymbol{\omega}_t^{Ma}$，则这一 Markowitz 组合在 t 时刻取得的收益为 $R_t^{Ma} := \boldsymbol{X}_t' \boldsymbol{\omega}_t^{Ma}$。

一方面，针对基于二阶矩的 Markowitz 组合，我们将考虑样本协方差矩阵 S、DCC－NL、DCC－BEKK 三种（条件）协方差矩阵估计量，并进行对比分析。另一方面，出于稳健性考虑，除了直接运用因子得分作为收益预测信号，我们还考虑了两种相关的代理变量 $\boldsymbol{f}_t^1$ 和 $\boldsymbol{f}_t^2$。其中，$\boldsymbol{f}_t^1$ 定义为：

$$f_{t,(1)}^1 = \cdots = f_{t,(d)}^1 = -1 \tag{8.25}$$

$$f_{t,(d+1)}^1 = \cdots = f_{t,(N-d)}^1 = 0 \tag{8.26}$$

$$f_{t,(N-d+1)}^1 = \cdots = f_{t,(N)}^1 = 1 \tag{8.27}$$

$\boldsymbol{f}_t^2$ 定义为：

$$f_{t,(i)}^2 = i \tag{8.28}$$

其中，$i=1, 2, \cdots, N$。其中 $\{(1), (2), \cdots, (N)\}$ 的定义与上文所述一致。$\boldsymbol{f}_t^1$ 和 $\boldsymbol{f}_t^2$ 相比于 $\boldsymbol{m}_t$ 的差别在于，此时对收益预测起作用的成分不再是因子得分的具体数值，而是因子得分大小的分组（$\boldsymbol{f}_t^1$）和排序（$\boldsymbol{f}_t^2$）。

8.3 高维金融资产组合的样本外表现

8.3.1 高维最小方差组合

由于协方差矩阵 Σ 是构建最小方差组合时唯一包含待估参数的矩阵，其估计量 $\hat{\Sigma}$ 的准确性直接决定了 GMV 组合构建的准确性。因此，我们可以通过比较所构建 GMV 组合的方差大小，来比较各方法对于总体协方差矩阵估计的效果。理论上，所构建组合的方差越小，说明该方法对总体协方差矩阵的估计越准确。

我们将比较以下 7 种协方差矩阵估计方法：

（1）$\hat{\Sigma} = I_N$：I_N 表示 $N \times N$ 的单位阵，其本质是一种等权重的组合构建。

（2）$\hat{\Sigma} = \hat{H}_{DCC}$：$\hat{H}_{DCC}$表示由 DCC 估计方法得到的条件协方差矩阵。注意，当 $N \geqslant T$ 时，不能得到有效的 GMV 组合。

（3）$\hat{\Sigma} = \hat{H}_{DCCI}$：$\hat{H}_{DCCI}$表示由线性压缩 DCC 估计方法得到的条件协方差矩阵。

（4）$\hat{\Sigma} = \hat{H}_{DCCNL}$：$\hat{H}_{DCCNL}$表示由非线性压缩 DCC 估计方法得到的条件协方差矩阵。

（5）$\hat{\Sigma} = \hat{H}_{BEKK}$：$\hat{H}_{BEKK}$表示由 BEKK 估计方法得到的条件协方差矩阵，同 DCC，当 $N \geqslant T$ 时，不能得到有效的 GMV 组合。

（6）$\hat{\Sigma} = \hat{H}_{BEKKI}$：$\hat{H}_{BEKKI}$表示由线性压缩 BEKK 估计方法得到的条件协方差矩阵。

（7）$\hat{\Sigma} = \hat{H}_{BEKKNL}$：$\hat{H}_{BEKKNL}$表示由非线性压缩 BEKK 估计方法得到的条件协方差矩阵。

对于这 7 种方法构建的组合，我们都报告年化的平均超额收益率（AR）、年化的标准差（SD）和年化的夏普尔率（SR），并以百分比表示。注意计算超额收益率时，我们假定无风险收益为 0。另外，值得说明的是，由于我们假定一年有 250 个交易日，因此，我们将求得的日收益均值乘 250 来进行年化，同时，将日收益的标准差乘 $\sqrt{250}$来进行年化。由于我们构建的是最小方差组合，因此，年化的标准差（SD）是判断总体协方差估计表现的最重要指标，AR 和 SR 则只是评价表现的辅助指标。由表 8 – 1 呈现的结果，我们可以得到如下结论：

表 8 – 1　　不同方差估计 GMV 组合的年化 AR、SD 和 SR　　单位：%

	I_N	$\hat{H}_{DCC}$	$\hat{H}_{DCCI}$	$\hat{H}_{DCCNL}$	$\hat{H}_{BEKK}$	$\hat{H}_{BEKKI}$	$\hat{H}_{BEKKNL}$
$N = 30$							
AR	8.128	6.873	6.636	6.435	9.718	9.197	9.384
SD	23.116	14.821	14.583	14.451	15.198	15.041	15.032
SR	0.352	0.464	0.455	0.445	0.639	0.611	0.624

续表

	I_N	$\hat{H}_{DCC}$	$\hat{H}_{DCCI}$	$\hat{H}_{DCCNL}$	$\hat{H}_{BEKK}$	$\hat{H}_{BEKKI}$	$\hat{H}_{BEKKNL}$
$N=50$							
AR	6.017	6.914	6.518	5.833	5.081	5.073	5.193
SD	22.768	13.929	13.536	13.161	14.425	13.857	13.798
SR	0.264	0.496	0.482	0.443	0.352	0.366	0.376
$N=100$							
AR	7.675	8.090	8.283	7.305	7.402	6.870	6.780
SD	22.306	13.340	12.502	11.661	14.030	12.836	12.601
SR	0.344	0.606	0.663	0.626	0.528	0.535	0.538
$N=250$							
AR	7.270	NA	8.892	7.192	NA	7.418	7.271
SD	22.005	NA	11.765	10.184	NA	12.405	11.659
SR	0.330	NA	0.756	0.706	NA	0.598	0.624
$N=500$							
AR	7.879	NA	7.997	6.813	NA	6.149	5.887
SD	21.968	NA	10.208	9.507	NA	11.340	10.655
SR	0.359	NA	0.783	0.717	NA	0.542	0.553

（1）与理论预期一致，所有 GMV 组合的标准差都随着横截面维度 N 增加而减少，且不同方法所得标准差减少程度差异悬殊：随着 N 从 30 增长到 500，单位矩阵方法的标准差仅减少了 5%，而 DCC－NL 和 BEKK－NL 的标准差则分别减少了约 34% 和 29%。

（2）当 $N=30$，50，100 时，所有的估计方法都始终显著优于单位矩阵；当 $N=250$，500 时，横截面维度 N 等于或超过时间维度 T，DCC 和 BEKK 方法得到的协方差矩阵都是近奇异矩阵或奇异矩阵，因此估计结果无效，这时，压缩方法的优势表现得尤为明显。

（3）DCC－NL 估计 GMV 的表现一致优于 DCC－I，而 DCC－I 则一致优于 DCC；同样，BEKK－NL 一致优于 BEKK－I，BEKK－I 一致优于 BEKK。且这种优势都随着横截面维度 N 增加而增大。当 N 从 30 增大到 100 时，DCC－NL 对 DCC－I 和 DCC 的标准差优化分别从不足 1% 增加到

7%，和从约3%增加到13%；BEKK－NL对BEKK－I和BEKK的标准差优化则分别从不足0.1%增加到2%，以及从约1%增加到10%。

（4）DCC系列的3组组合整体上优于BEKK系列对应的3组组合。当N从30增大到100时，DCC对BEKK的标准差优化从2.5%增加到5%；当N从30增加到500，DCC－I对BEKK－I的标准差优化则从3%增加到10%，DCC－NL对BEKK－NL的标准差优化则从4%增加到11%。这意味着在所有7种组合构建方法中，DCC－NL表现最优。

总之，在估计样本外协方差矩阵时，若时间维度一定，随着横截面维度逐渐增大，非线性压缩估计相对线性压缩及标准模型的优势都越来越明显，DCC系列相对BEKK系列的优势也越来越明显。

8.3.2 高维Sorting组合与高维Markowitz组合

我们考虑了8.1部分介绍的61个因子，并按顺序将其记为f1－f61，见表8－2。由于我们按交易月（21个交易日）对组合权重进行更新，而整个样本外预测包含了360个交易月，因此，从f1到f61的每一个因子对于每一支股票都包含了360个观测值。

表8－2　　因子f1－f61

f1	前11个月的动量（11－MM）	f9	账面价值市值比（B/M）	f17	股利支付率（O/P）
f2	前1个月的动量（1－MM）	f10	资产增长率（Agr）	f18	净股利支付率（NO/P）
f3	前6个月的动量（6－MM）	f11	市盈率（E/P）	f19	销售增长率（SG）
f4	前1个月的最大日收益（Mxret）	f12	长期负债增长率（Δlgr）	f20	市场杠杆（A/ME）
f5	前6个月的动量增量（Δ6－MM）	f13	股东权益增长率（Δceq）	f21	盈余公告日月的异常成交量（Aevol）
f6	盈余公告日前后的累积异常收益（Abr）	f14	经营现金流（Cflow）	f22	盈利意外（Sue）
f7	美元成交量（Dvol）	f15	现金价格比（Cash）	f23	订单储备增量（OB）
f8	市值（ME）	f16	股息生息率（D/P）	f24	营运资本收益（Acc）

续表

f25 资本支出和存货增量（Δcapx）	f38 F 得分（F-score）	f51 广告费用增量（Δade）
f26 存货增量（Cii）	f39 利润率增量（ΔPM）	f52 R&D 增量（Rdi）
f27 异常公司投资（Aci）	f40 资产周转率（Ato）	f53 广告费用市值比（Ad/M）
f28 净股票发行（Nsi）	f41 税收费用增量（Δtax）	f54 R&D 销量比（RD/S）
f29 净经营资产（Noa）	f42 资产收益率（Roa）	f55 R&D 市值比（RD/M）
f30 投资增长率（IG）	f43 总盈利能力（Gma）	f56 R&D 资本比总资产（Rc/A）
f31 净外部融资（Nxf）	f44 投资资本回报（Roic）	f57 经营杠杆（OL）
f32 复合发行（Cei）	f45 权益收益率（Roe）	f58 股票交易率（Turn）
f33 总收益（TA/A）	f46 净经营资产收益率（Rna）	f59 总波动（Tvol）
f34 存货增长率（Ivg）	f47 应税所得比账面收入（TI/BI）	f60 收益波动（Avol）
f35 经营收益占比（Poa）	f48 资本周转率（Cto）	f61 现金流波动（Cvol）
f36 总收益占比（Pta）	f49 O 得分（O－score）	
f37 递延收入增量（Δdrev）	f50 雇员增长率（Egr）	

对于每一个因子，我们都考察了 Sorting 组合和 Markowitz 组合，而对于每一个因子的 Markowitz 组合都考虑了 $\boldsymbol{m}_t$，$\boldsymbol{f}_t^1$ 和 $\boldsymbol{f}_t^2$ 三种收益代理变量，而每一种代理变量中又考虑了三种（条件）协方差矩阵估计量。也就是说，对于每一个因子，我们都考察了 10 种组合构建，分别是：基于式（8.20）~式（8.22）的传统 Sorting 组合（记为 EW），基于因子得分数值 $\boldsymbol{m}_t$（式（8.18）、式（8.23）、式（8.24））且 H_t 由样本协方差矩阵 S 估计的组合（记为 S0），基于因子得分数值 $\boldsymbol{m}_t$ 且 H_t 由 DCC－NL 估计的组合（记为 D0），基于因子得分数值 $\boldsymbol{m}_t$ 且 H_t 由 BEKK－NL 估计的组合（记为 B0），基于因子得分分组 $\boldsymbol{f}_t^1$ 且 H_t 由样本协方差矩阵 S 估计的组合（记为 S1），基于因子得分分组 $\boldsymbol{f}_t^1$ 且 H_t 由 DCC－NL 估计的组合（记为 D1），基于因子得分分组 $\boldsymbol{f}_t^1$ 且 H_t 由 BEKK－NL 估计的组合（记为 B1），基于因子得分排序 $\boldsymbol{f}_t^2$ 且 H_t 由样本协方差矩阵 S 估计的组合（记为 S2），基于因子得分排序 $\boldsymbol{f}_t^2$ 且 H_t 由 DCC－NL 估计的组合（记为 D2），基于因子得分排序

f_t^2 且 H_t 由 BEKK - NL 估计的组合（记为 B2）。

对于每个收益预测信号的这 10 种组合，我们报告以百分比表示的年化平均超额回报率（AR）和年化标准差（SD），并报告相应的年化夏普尔率（SR），其结果见表 8. 3 ~5. 5。

表 8 - 3　　$N = 100$ 时，61 个因子 10 种组合的年化 AR、SD 和 SR　　单位：%

	EW	S0	D0	B0	S1	D1	B1	S2	D2	B2
f1	前 11 个月的动量（11 - MM）									
AR	11. 10	10. 40	11. 84	15. 16	6. 56	6. 13	9. 99	6. 92	7. 76	10. 38
SD	15. 62	10. 08	9. 07	9. 58	7. 56	7. 06	7. 56	8. 06	7. 56	7. 56
SR	0. 71	1. 03	1. 31	1. 58	0. 87	0. 87	1. 32	0. 86	1. 03	1. 37
f2	前 1 个月的动量（1 - MM）									
AR	0. 78	13. 65	11. 03	10. 64	11. 57	6. 41	3. 25	13. 70	11. 08	11. 22
SD	13. 61	8. 57	8. 57	10. 58	7. 06	7. 06	8. 57	7. 06	7. 06	9. 07
SR	0. 06	1. 59	1. 29	1. 00	1. 64	0. 91	0. 38	1. 94	1. 57	1. 24
f3	前 6 个月的动量（6 - MM）									
AR	-2. 16	1. 89	0. 22	3. 64	0. 06	-1. 06	2. 43	0. 05	-1. 62	0. 49
SD	14. 62	9. 07	8. 57	9. 07	7. 06	7. 06	7. 56	7. 56	7. 06	7. 56
SR	-0. 15	0. 21	0. 03	0. 40	0. 01	-0. 15	0. 32	0. 01	-0. 23	0. 07
f4	前 1 个月的最大日收益（Mxret）									
AR	3. 79	8. 97	2. 71	0. 37	5. 11	1. 57	-1. 00	7. 51	2. 86	1. 84
SD	15. 62	8. 06	7. 56	9. 58	6. 55	6. 05	7. 06	7. 06	6. 55	7. 56
SR	0. 24	1. 11	0. 36	0. 04	0. 78	0. 26	-0. 14	1. 06	0. 44	0. 24
f5	前 6 个月的动量增量（Δ6 - MM）									
AR	1. 30	2. 00	2. 05	2. 03	-1. 29	-1. 13	-2. 10	3. 16	2. 49	2. 95
SD	12. 10	7. 06	6. 55	7. 56	6. 05	6. 05	7. 06	6. 05	6. 05	6. 55
SR	0. 11	0. 28	0. 31	0. 27	-0. 21	-0. 19	-0. 30	0. 52	0. 41	0. 45

续表

	EW	S0	D0	B0	S1	D1	B1	S2	D2	B2
f6	盈余公告日前后的累积异常收益（Abr）									
AR	5.29	3.37	4.60	5.37	2.62	4.38	5.14	1.68	2.49	2.92
SD	8.57	5.54	5.54	6.55	5.54	5.54	6.05	5.04	4.54	5.54
SR	0.62	0.61	0.83	0.82	0.47	0.79	0.85	0.33	0.55	0.53
f7	美元成交量（Dvol）									
AR	-2.51	1.68	0.59	1.27	3.29	2.51	2.86	1.37	0.70	1.22
SD	9.58	5.54	5.54	6.05	5.54	5.54	6.05	5.04	5.04	5.54
SR	-0.26	0.30	0.11	0.21	0.59	0.45	0.47	0.27	0.14	0.22
f8	市值（ME）									
AR	1.37	2.91	1.71	1.90	2.29	1.79	2.27	3.83	2.38	1.78
SD	12.60	4.54	4.54	5.04	6.05	5.54	6.55	6.55	6.05	6.55
SR	0.11	0.64	0.38	0.38	0.38	0.32	0.35	0.58	0.39	0.27
f9	账面价值市值比（B/M）									
AR	-0.76	0.51	-1.76	-1.25	1.05	-0.32	-1.11	1.98	-1.11	-1.03
SD	12.60	7.06	6.55	7.06	6.55	6.55	7.06	7.06	6.55	7.06
SR	-0.06	0.07	-0.27	-0.18	0.16	-0.05	-0.16	0.28	-0.17	-0.15
f10	资产增长率（Agr）									
AR	-0.29	-1.22	0.63	-1.41	-3.40	-1.86	-3.79	-0.63	0.38	-1.38
SD	10.08	5.04	5.04	5.54	5.54	5.04	5.54	5.04	4.54	5.04
SR	-0.03	-0.24	0.13	-0.25	-0.61	-0.37	-0.68	-0.13	0.08	-0.27
f11	市盈率（E/P）									
AR	13.21	15.91	13.30	13.91	12.72	10.56	11.02	16.41	12.91	14.41
SD	11.09	6.05	5.54	6.55	6.05	6.05	6.55	6.05	5.54	6.05
SR	1.19	2.63	2.40	2.12	2.10	1.75	1.68	2.71	2.33	2.38
f12	长期负债增长率（Δlgr）									
AR	2.35	5.44	4.60	5.86	3.24	2.38	3.52	3.81	3.95	4.97
SD	9.07	5.04	5.04	5.54	5.04	5.04	5.54	4.54	4.54	5.04
SR	0.26	1.08	0.91	1.06	0.64	0.47	0.64	0.84	0.87	0.99

续表

	EW	S0	D0	B0	S1	D1	B1	S2	D2	B2
f13	股东权益增长率（Δceq）									
AR	4.95	2.27	1.75	1.46	2.89	1.37	1.73	3.14	2.44	1.94
SD	10.08	5.04	5.04	5.04	5.54	5.04	5.54	5.04	4.54	5.04
SR	0.49	0.45	0.35	0.29	0.52	0.27	0.31	0.62	0.54	0.38
f14	经营现金流（Cflow）									
AR	20.38	11.70	15.21	15.08	11.41	13.16	13.21	11.48	14.68	14.38
SD	7.56	5.04	5.04	5.04	5.54	5.54	5.54	4.54	4.54	5.04
SR	2.70	2.32	3.02	2.99	2.06	2.37	2.38	2.53	3.24	2.85
f15	现金价格比（Cash）									
AR	10.24	6.67	7.59	7.46	5.51	6.94	5.95	7.29	7.65	7.21
SD	11.09	4.54	4.54	5.04	5.54	5.54	6.05	5.54	5.54	6.05
SR	0.92	1.47	1.67	1.48	0.99	1.25	0.98	1.31	1.38	1.19
f16	股息生息率（D/P）									
AR	-2.95	3.92	3.78	3.83	-0.14	0.71	-0.76	1.56	0.87	0.68
SD	14.11	6.55	6.55	6.55	7.06	6.55	7.06	7.06	7.06	7.56
SR	-0.21	0.60	0.58	0.58	-0.02	0.11	-0.11	0.22	0.12	0.09
f17	股利支付率（O/P）									
AR	4.43	4.78	3.65	3.62	5.16	3.76	4.11	6.02	4.84	4.11
SD	10.58	5.04	5.04	5.54	5.54	5.54	6.05	5.04	5.04	5.54
SR	0.42	0.95	0.72	0.65	0.93	0.68	0.68	1.19	0.96	0.74
f18	净股利支付率（NO/P）									
AR	4.57	5.22	3.86	5.75	7.45	5.70	7.92	7.05	4.81	5.87
SD	12.60	5.54	5.04	6.05	6.05	5.54	6.05	6.05	5.54	6.05
SR	0.36	0.94	0.77	0.95	1.23	1.03	1.31	1.17	0.87	0.97
f19	销售增长率（SG）									
AR	1.29	4.10	2.56	2.73	4.89	2.68	3.79	3.97	2.43	2.24
SD	9.07	5.04	5.04	5.54	5.04	5.04	5.54	4.54	4.54	5.04
SR	0.14	0.81	0.51	0.49	0.97	0.53	0.68	0.87	0.54	0.44

续表

	EW	S0	D0	B0	S1	D1	B1	S2	D2	B2
f20	市场杠杆（A/ME）									
AR	-4.73	-0.54	-3.44	-4.27	-0.70	-2.73	-1.59	0.87	-3.22	-4.76
SD	14.62	8.06	7.56	8.06	7.56	7.06	7.56	7.56	7.06	7.56
SR	-0.32	-0.07	-0.46	-0.53	-0.09	-0.39	-0.21	0.12	-0.46	-0.63
f21	盈余公告日月的异常成交量（Aevol）									
AR	4.11	2.06	2.49	3.33	0.73	1.43	2.17	1.62	2.25	2.64
SD	9.07	5.04	5.04	5.54	5.04	5.04	5.54	4.54	4.54	5.04
SR	0.45	0.41	0.49	0.60	0.14	0.28	0.39	0.36	0.50	0.52
f22	盈利意外（Sue）									
AR	10.46	8.41	6.83	7.56	8.68	7.02	7.11	8.35	7.32	7.48
SD	8.57	4.54	4.03	5.04	4.54	4.54	5.04	4.54	4.03	4.54
SR	1.22	1.85	1.69	1.50	1.91	1.55	1.41	1.84	1.82	1.65
f23	订单储备增量（OB）									
AR	-0.32	0.67	-0.51	0.35	0.95	-1.35	1.16	1.57	-0.46	0.54
SD	10.08	5.54	5.54	6.05	7.06	6.55	7.56	6.55	6.55	7.06
SR	-0.03	0.12	-0.09	0.06	0.13	-0.21	0.15	0.24	-0.07	0.08
f24	营运资本收益（Acc）									
AR	11.27	8.75	11.48	12.10	10.03	12.30	13.00	8.18	10.62	11.26
SD	7.56	5.04	5.04	5.04	5.04	5.04	5.54	4.54	4.54	4.54
SR	1.49	1.74	2.28	2.40	1.99	2.44	2.35	1.80	2.34	2.48
f25	资本支出和存货增量（Δcapx）									
AR	3.03	3.29	4.60	5.41	4.81	6.16	8.02	2.86	4.25	5.05
SD	9.58	5.04	5.04	5.54	5.54	5.54	5.54	5.04	5.04	5.04
SR	0.32	0.65	0.91	0.98	0.87	1.11	1.45	0.57	0.84	1.00
f26	存货增量（Cii）									
AR	5.92	4.78	5.78	6.48	3.86	5.46	5.32	6.67	6.83	7.43
SD	9.07	5.04	5.04	5.54	5.04	5.04	5.54	4.54	5.04	5.04
SR	0.65	0.95	1.15	1.17	0.77	1.08	0.96	1.47	1.35	1.47

续表

	EW	S0	D0	B0	S1	D1	B1	S2	D2	B2
f27	异常公司投资（Aci）									
AR	5.76	3.57	6.13	5.24	2.73	6.18	3.98	4.86	6.79	6.21
SD	8.06	5.04	4.54	5.04	5.04	5.04	5.54	4.54	4.54	4.54
SR	0.71	0.71	1.35	1.04	0.54	1.23	0.72	1.07	1.50	1.37
f28	净股票发行（Nsi）									
AR	-1.60	2.87	3.57	3.65	3.11	2.81	2.86	3.44	3.83	3.60
SD	8.57	5.04	4.54	5.04	5.04	5.04	5.54	4.54	4.54	5.04
SR	-0.19	0.57	0.79	0.72	0.62	0.56	0.52	0.76	0.84	0.71
f29	净经营资产（Noa）									
AR	12.45	5.35	4.76	3.97	6.59	5.94	5.22	5.18	4.87	4.37
SD	9.07	5.54	5.04	5.54	5.54	5.54	6.05	5.04	5.04	5.54
SR	1.37	0.96	0.94	0.72	1.19	1.07	0.86	1.03	0.97	0.79
f30	投资增长率（IG）									
AR	4.32	2.87	3.84	3.22	3.22	3.65	3.73	2.97	3.68	3.70
SD	9.58	5.04	5.04	5.54	5.54	5.54	5.54	4.54	4.54	5.04
SR	0.45	0.57	0.76	0.58	0.58	0.66	0.67	0.65	0.81	0.73
f31	净外部融资（Nxf）									
AR	10.64	4.29	3.97	3.83	3.24	2.32	2.22	4.46	4.44	4.03
SD	9.07	5.04	5.04	5.54	5.54	5.04	5.54	5.04	5.04	5.04
SR	1.17	0.85	0.79	0.69	0.58	0.46	0.40	0.89	0.88	0.80
f32	复合发行（Cei）									
AR	56.29	71.02	57.15	46.69	97.87	83.96	66.42	71.75	56.16	41.29
SD	99.79	111.89	105.34	92.74	110.38	96.77	92.23	96.77	93.74	85.18
SR	0.56	0.63	0.54	0.50	0.89	0.87	0.72	0.74	0.60	0.48
f33	总收益（TA/A）									
AR	0.10	4.06	2.94	4.48	1.06	0.59	1.67	3.22	2.00	3.49
SD	9.58	5.54	5.54	6.05	5.54	5.54	5.54	5.04	5.04	5.04
SR	0.01	0.73	0.53	0.74	0.19	0.11	0.30	0.64	0.40	0.69

续表

	EW	S0	D0	B0	S1	D1	B1	S2	D2	B2
f34	存货增长率（Ivg）									
AR	6.89	5.16	5.10	7.25	4.10	4.17	6.05	6.10	6.18	7.49
SD	9.07	5.04	4.54	5.04	5.04	5.04	5.54	4.54	4.54	5.04
SR	0.76	1.02	1.12	1.44	0.81	0.83	1.09	1.34	1.36	1.49
f35	经营收益占比（Poa）									
AR	6.27	5.75	6.92	7.10	6.46	7.32	6.95	6.16	7.29	7.73
SD	7.06	4.54	4.54	5.04	5.04	5.04	5.54	4.54	4.54	5.04
SR	0.89	1.27	1.53	1.41	1.28	1.45	1.25	1.36	1.61	1.53
f36	总收益占比（Pta）									
AR	5.56	4.71	4.08	3.81	3.84	2.86	2.87	3.97	3.43	3.24
SD	8.06	4.54	4.54	5.04	5.04	5.04	5.54	4.54	4.54	4.54
SR	0.69	1.04	0.90	0.76	0.76	0.57	0.52	0.87	0.76	0.71
f37	递延收入增量（Δdrev）									
AR	11.43	4.78	3.98	4.91	6.24	4.64	6.89	6.16	5.71	6.56
SD	10.08	7.56	7.56	8.06	8.06	8.06	8.57	7.06	7.06	7.56
SR	1.13	0.63	0.53	0.61	0.77	0.57	0.80	0.87	0.81	0.87
f38	F得分（F-score）									
AR	2.29	2.59	2.87	4.92	3.02	3.27	5.75	1.71	1.79	3.97
SD	8.57	4.54	4.54	4.54	5.04	5.04	5.54	4.54	4.54	5.04
SR	0.27	0.57	0.63	1.08	0.60	0.65	1.04	0.38	0.40	0.79
f39	利润率增量（ΔPM）									
AR	8.75	8.32	5.83	5.40	9.54	5.52	6.71	8.60	6.00	5.38
SD	8.57	5.04	4.54	5.54	5.04	5.04	5.54	4.54	4.54	5.04
SR	1.02	1.65	1.28	0.97	1.89	1.10	1.21	1.90	1.32	1.07
f40	资产周转率（Ato）									
AR	8.00	5.56	6.59	6.30	4.59	5.40	6.43	5.06	6.29	5.91
SD	11.09	5.54	5.54	5.54	6.05	6.05	6.55	5.54	5.54	6.05
SR	0.72	1.00	1.19	1.14	0.76	0.89	0.98	0.91	1.13	0.98

续表

	EW	S0	D0	B0	S1	D1	B1	S2	D2	B2
f41	税收费用增量（Δtax）									
AR	9. 40	6. 92	7. 73	8. 08	4. 89	6. 00	6. 70	6. 14	7. 21	7. 70
SD	10. 58	5. 54	5. 54	5. 54	5. 54	5. 54	6. 05	5. 04	5. 04	5. 54
SR	0. 89	1. 25	1. 39	1. 46	0. 88	1. 08	1. 11	1. 22	1. 43	1. 39
f42	资产收益率（Roa）									
AR	13. 49	9. 49	10. 40	10. 37	6. 91	7. 95	8. 24	9. 75	10. 72	11. 03
SD	11. 59	6. 05	5. 54	6. 05	6. 55	6. 05	6. 55	6. 05	6. 05	6. 05
SR	1. 16	1. 57	1. 88	1. 71	1. 05	1. 32	1. 26	1. 61	1. 77	1. 82
f43	总盈利能力（Gma）									
AR	11. 64	11. 00	11. 26	13. 14	7. 06	8. 46	11. 38	10. 75	11. 54	13. 68
SD	12. 10	6. 05	6. 05	6. 55	6. 55	6. 05	6. 55	6. 55	6. 05	6. 55
SR	0. 96	1. 82	1. 86	2. 01	1. 08	1. 40	1. 74	1. 64	1. 91	2. 09
f44	投资资本回报（Roic）									
AR	14. 67	10. 84	12. 26	13. 00	7. 46	8. 38	9. 48	9. 76	11. 14	11. 56
SD	12. 10	6. 55	6. 05	6. 55	6. 55	6. 55	7. 06	6. 55	6. 05	6. 55
SR	1. 21	1. 65	2. 03	1. 98	1. 14	1. 28	1. 34	1. 49	1. 84	1. 76
f45	权益收益率（Roe）									
AR	13. 03	8. 94	8. 60	9. 22	10. 30	10. 92	11. 38	8. 16	9. 27	9. 78
SD	10. 08	5. 54	5. 54	6. 05	6. 05	5. 54	6. 05	5. 54	5. 04	5. 54
SR	1. 29	1. 61	1. 55	1. 52	1. 70	1. 97	1. 88	1. 47	1. 84	1. 76
f46	净经营资产收益率（Rna）									
AR	17. 91	11. 48	12. 64	13. 10	11. 48	13. 06	13. 08	9. 86	11. 43	11. 11
SD	11. 09	5. 54	5. 54	6. 05	6. 05	6. 05	6. 55	5. 54	5. 54	6. 05
SR	1. 61	2. 07	2. 28	2. 17	1. 90	2. 16	2. 00	1. 78	2. 06	1. 84
f47	应税所得比账面收入（TI/BI）									
AR	5. 52	7. 22	5. 64	5. 68	6. 68	5. 30	5. 73	6. 56	4. 91	5. 19
SD	8. 06	4. 54	4. 54	5. 04	5. 54	5. 04	5. 54	4. 54	4. 54	5. 04
SR	0. 69	1. 59	1. 24	1. 13	1. 21	1. 05	1. 03	1. 45	1. 08	1. 03

续表

	EW	S0	D0	B0	S1	D1	B1	S2	D2	B2
f48	资本周转率（Cto）									
AR	10.56	5.27	5.65	6.16	6.40	6.00	6.30	4.41	4.94	4.98
SD	11.59	6.05	5.54	6.05	7.06	6.55	7.06	6.05	6.05	6.55
SR	0.91	0.87	1.02	1.02	0.91	0.92	0.89	0.73	0.82	0.76
f49	O 得分（O - score）									
AR	-10.05	0.33	-2.43	0.46	-0.25	-2.51	0.44	0.92	-1.67	0.67
SD	9.58	5.54	5.54	6.05	5.54	5.54	6.05	5.04	5.04	5.54
SR	-1.05	0.06	-0.44	0.08	-0.05	-0.45	0.07	0.18	-0.33	0.12
f50	雇员增长率（Egr）									
AR	2.76	0.81	0.92	2.08	2.08	3.14	3.11	1.48	1.29	2.51
SD	9.58	5.54	5.04	5.54	5.54	5.04	5.54	5.04	5.04	5.54
SR	0.29	0.15	0.18	0.38	0.38	0.62	0.56	0.29	0.26	0.45
f51	广告费用增量（Δade）									
AR	3.59	1.84	0.78	0.90	2.24	2.00	2.25	0.71	0.54	-0.10
SD	8.06	5.04	5.04	5.04	5.04	5.04	5.54	4.54	4.54	5.04
SR	0.44	0.37	0.15	0.18	0.44	0.40	0.41	0.16	0.12	-0.02
f52	R&D 增量（Rdi）									
AR	-3.19	1.02	0.46	1.41	0.49	-0.13	0.84	1.05	0.98	1.65
SD	10.08	5.04	5.04	5.54	5.54	5.54	5.54	5.04	5.04	5.04
SR	-0.32	0.20	0.09	0.25	0.09	-0.02	0.15	0.21	0.20	0.33
f53	广告费用市值比（Ad/M）									
AR	1.05	2.30	3.06	1.97	1.52	2.81	2.11	1.78	2.52	0.79
SD	10.08	5.04	5.04	5.54	6.05	5.54	6.05	5.54	5.54	6.05
SR	0.10	0.46	0.61	0.36	0.25	0.51	0.35	0.32	0.46	0.13
f54	R&D 销量比（RD/S）									
AR	4.70	3.73	4.43	3.52	3.43	4.16	1.57	3.92	4.65	3.13
SD	13.10	7.56	7.56	7.56	6.55	6.55	6.55	7.06	7.06	7.06
SR	0.36	0.49	0.59	0.47	0.52	0.63	0.24	0.56	0.66	0.44

续表

	EW	S0	D0	B0	S1	D1	B1	S2	D2	B2
f55	R&D 市值比（RD/M）									
AR	7.43	4.73	3.65	3.27	7.37	6.21	5.25	6.24	5.33	4.67
SD	9.58	5.54	5.54	6.05	6.05	5.54	6.05	5.54	5.54	5.54
SR	0.78	0.85	0.66	0.54	1.22	1.12	0.87	1.13	0.96	0.84
f56	R&D 资本比总资产（Rc/A）									
AR	6.83	4.27	5.67	5.14	5.25	5.57	4.21	4.64	6.13	5.43
SD	12.10	6.55	6.55	6.55	6.55	6.55	6.55	6.05	6.05	6.55
SR	0.56	0.65	0.86	0.79	0.80	0.85	0.64	0.77	1.01	0.83
f57	经营杠杆（OL）									
AR	6.59	6.91	5.33	9.32	4.76	3.68	7.72	5.40	3.73	7.19
SD	9.07	5.54	5.54	6.05	6.55	6.05	6.55	5.54	5.54	6.05
SR	0.73	1.25	0.96	1.54	0.73	0.61	1.18	0.97	0.67	1.19
f58	股票交易率（Turn）									
AR	-1.84	-1.25	-4.08	-3.87	1.87	0.27	0.03	0.29	-2.19	-1.73
SD	17.64	9.58	9.07	10.08	7.06	7.06	7.56	8.06	7.56	8.57
SR	-0.10	-0.13	-0.45	-0.38	0.27	-0.04	0.00	0.04	-0.29	-0.20
f59	总波动（Tvol）									
AR	1.02	11.48	6.67	9.78	2.64	-0.08	-0.67	4.97	3.05	4.03
SD	17.64	11.09	10.58	13.10	7.56	7.06	7.56	8.57	8.57	9.58
SR	0.06	1.04	0.63	0.75	0.35	-0.01	-0.09	0.58	0.36	0.42
f60	收益波动（Avol）									
AR	7.49	2.22	3.05	3.51	3.46	4.21	3.59	1.56	2.54	2.59
SD	9.07	5.54	5.04	5.54	5.54	5.54	5.54	5.04	5.04	5.04
SR	0.83	0.40	0.60	0.63	0.62	0.76	0.65	0.31	0.50	0.51
f61	现金流波动（Cvol）									
AR	14.40	7.27	5.49	6.40	9.89	8.46	8.48	11.30	10.03	10.05
SD	11.59	6.55	6.55	6.55	8.06	8.06	8.06	8.06	8.06	8.06
SR	1.24	1.11	0.84	0.98	1.23	1.05	1.05	1.40	1.24	1.25

表 8 - 4　　$N=500$ 时，61 个因子 10 种组合的年化 AR、SD 和 SR　　单位：%

	EW	S0	D0	B0	S1	D1	B1	S2	D2	B2
f1	前 11 个月的动量（11 - MM）									
AR	8.94	4.43	6.00	9.06	2.73	3.44	5.32	3.91	4.41	6.84
SD	12.60	8.06	7.06	6.55	5.04	4.54	4.54	6.05	5.54	5.54
SR	0.71	0.55	0.85	1.38	0.54	0.76	1.17	0.65	0.80	1.23
f2	前 1 个月的动量（1 - MM）									
AR	4.25	19.56	15.29	9.46	13.49	7.94	4.84	17.67	13.86	13.10
SD	10.58	5.54	6.55	13.10	4.03	4.03	5.04	4.54	5.04	7.06
SR	0.40	3.53	2.33	0.72	3.35	1.97	0.96	3.90	2.75	1.86
f3	前 6 个月的动量（6 - MM）									
AR	1.87	-2.16	-1.27	-0.41	2.40	0.68	2.73	-3.21	-3.92	-1.79
SD	12.10	7.06	6.55	6.55	4.54	4.03	4.03	5.54	5.04	5.04
SR	0.15	-0.31	-0.19	-0.06	0.53	0.17	0.68	-0.58	-0.78	-0.36
f4	前 1 个月的最大日收益（Mxret）									
AR	-1.00	4.37	-1.67	-0.56	2.94	1.11	0.54	4.81	0.30	0.81
SD	12.60	4.54	4.03	4.54	3.53	3.02	3.53	4.03	3.53	4.03
SR	-0.08	0.96	-0.41	-0.12	0.83	0.37	0.15	1.19	0.09	0.20
f5	前 6 个月的动量增量（Δ6 - MM）									
AR	5.40	4.14	4.38	1.49	1.83	3.00	0.62	5.51	4.91	4.14
SD	9.07	4.03	3.53	4.54	3.53	3.02	3.53	3.53	3.02	3.53
SR	0.59	1.03	1.24	0.33	0.52	0.99	0.18	1.56	1.62	1.17
f6	盈余公告日前后的累积异常收益（Abr）									
AR	6.45	4.24	4.30	7.37	5.02	3.81	7.18	3.17	3.13	5.94
SD	5.04	3.53	3.02	3.02	3.53	3.02	3.02	3.02	2.52	3.02
SR	1.28	1.20	1.42	2.44	1.42	1.26	2.37	1.05	1.24	1.96
f7	美元成交量（Dvol）									
AR	4.87	9.06	7.27	9.14	6.76	6.59	7.75	8.49	6.79	8.51
SD	6.05	4.03	3.53	3.53	3.53	3.53	3.53	3.53	3.02	3.53
SR	0.81	2.25	2.06	2.59	1.92	1.87	2.20	2.41	2.25	2.41

续表

	EW	S0	D0	B0	S1	D1	B1	S2	D2	B2
f8	市值（ME）									
AR	5.11	7.16	6.14	6.49	8.37	7.11	7.02	11.27	9.41	9.57
SD	9.07	3.53	3.02	3.53	4.03	3.53	4.03	4.54	4.03	4.03
SR	0.56	2.03	2.03	1.84	2.07	2.02	1.74	2.48	2.33	2.37
f9	账面价值市值比（B/M）									
AR	3.00	3.95	1.97	2.71	2.83	1.84	1.37	4.64	2.62	2.67
SD	9.58	4.03	3.53	3.53	4.03	3.53	3.53	4.03	4.03	3.53
SR	0.31	0.98	0.56	0.77	0.70	0.52	0.39	1.15	0.65	0.76
f10	资产增长率（Agr）									
AR	0.05	1.90	0.29	1.75	1.17	-0.11	1.32	1.17	-0.25	0.68
SD	6.05	3.02	2.52	2.52	3.02	2.52	3.02	3.02	2.52	2.52
SR	0.01	0.63	0.11	0.69	0.39	-0.04	0.44	0.39	-0.10	0.27
f11	市盈率（E/P）									
AR	19.53	16.84	16.60	17.14	14.48	14.59	15.33	16.81	15.59	16.60
SD	8.57	3.53	3.02	3.02	3.53	3.02	3.02	3.53	3.02	3.02
SR	2.28	4.77	5.49	5.67	4.10	4.82	5.07	4.77	5.16	5.49
f12	长期负债增长率（Δlgr）									
AR	2.16	3.98	3.27	3.51	2.92	2.11	2.75	2.59	2.38	2.29
SD	5.04	2.52	2.52	2.52	3.02	2.52	2.52	2.52	2.02	2.52
SR	0.43	1.58	1.30	1.39	0.97	0.84	1.09	1.03	1.18	0.91
f13	股东权益增长率（Δceq）									
AR	8.87	6.33	4.94	6.43	6.22	5.38	6.65	6.67	5.65	6.81
SD	6.55	3.02	2.52	2.52	3.02	2.52	3.02	3.02	2.52	2.52
SR	1.35	2.09	1.96	2.55	2.06	2.14	2.20	2.20	2.24	2.70
f14	经营现金流（Cflow）									
AR	18.54	11.92	12.64	13.38	12.33	12.30	13.79	11.41	12.03	12.99
SD	5.54	3.02	2.52	3.02	3.02	2.52	3.02	3.02	2.52	2.52
SR	3.34	3.94	5.01	4.43	4.08	4.88	4.56	3.77	4.77	5.15

续表

	EW	S0	D0	B0	S1	D1	B1	S2	D2	B2
f15	现金价格比（Cash）									
AR	11.46	6.37	6.19	6.68	6.51	6.70	7.14	8.48	7.48	8.22
SD	8.06	2.52	2.02	2.52	3.02	3.02	3.02	3.02	2.52	3.02
SR	1.42	2.53	3.07	2.65	2.15	2.22	2.36	2.80	2.97	2.72
f16	股息生息率（D/P）									
AR	-1.51	0.97	1.92	0.37	2.40	2.54	0.95	1.37	2.75	0.68
SD	10.58	4.03	4.03	4.03	4.03	4.03	4.03	4.54	4.03	4.03
SR	-0.14	0.24	0.48	0.09	0.59	0.63	0.24	0.30	0.68	0.17
f17	股利支付率（O/P）									
AR	3.22	2.68	3.52	2.49	1.13	2.37	1.90	3.51	4.14	3.46
SD	7.06	3.02	2.52	2.52	3.53	3.02	3.02	3.02	2.52	3.02
SR	0.46	0.89	1.40	0.99	0.32	0.78	0.63	1.16	1.64	1.14
f18	净股利支付率（NO/P）									
AR	2.32	2.94	4.29	3.05	2.68	3.43	2.76	2.94	4.06	3.08
SD	9.07	3.02	2.52	3.02	3.02	2.52	3.02	3.02	2.52	3.02
SR	0.26	0.97	1.70	1.01	0.89	1.36	0.91	0.97	1.61	1.02
f19	销售增长率（SG）									
AR	4.11	4.83	5.44	6.11	5.37	5.38	6.70	5.02	5.11	6.16
SD	5.54	2.52	2.52	2.52	3.02	2.52	2.52	2.52	2.02	2.52
SR	0.74	1.92	2.16	2.43	1.77	2.14	2.66	1.99	2.54	2.44
f20	市场杠杆（A/ME）									
AR	0.73	1.89	0.81	0.08	-0.24	0.30	-0.73	3.02	1.68	0.84
SD	11.09	4.54	4.03	4.03	4.54	4.03	4.03	5.04	4.54	4.54
SR	0.07	0.42	0.20	0.02	-0.05	0.07	-0.18	0.60	0.37	0.19
f21	盈余公告日月的异常成交量（Aevol）									
AR	5.57	2.41	2.22	2.49	1.78	2.17	2.29	2.25	2.05	2.22
SD	5.04	2.52	2.02	2.52	2.52	2.52	2.52	2.52	2.02	2.52
SR	1.11	0.96	1.10	0.99	0.71	0.86	0.91	0.89	1.02	0.88

续表

	EW	S0	D0	B0	S1	D1	B1	S2	D2	B2
f22	盈利意外（Sue）									
AR	12.81	10.08	10.75	11.14	9.92	10.89	11.16	10.45	11.27	11.70
SD	5.54	2.52	2.02	2.52	3.02	2.52	2.52	2.52	2.02	2.52
SR	2.31	4.00	5.33	4.42	3.28	4.32	4.43	4.15	5.59	4.64
f23	订单储备增量（OB）									
AR	-1.11	1.71	3.19	2.02	0.60	3.27	0.79	1.54	3.41	1.21
SD	7.56	4.54	4.03	4.03	5.04	4.54	5.04	5.04	4.54	4.54
SR	-0.15	0.38	0.79	0.50	0.12	0.72	0.16	0.31	0.75	0.27
f24	营运资本收益（Acc）									
AR	10.70	7.45	8.11	8.32	7.38	8.19	8.29	6.49	7.62	7.91
SD	4.03	3.02	2.52	2.52	3.02	2.52	2.52	2.52	2.02	2.52
SR	2.65	2.46	3.22	3.30	2.44	3.25	3.29	2.58	3.78	3.14
f25	资本支出和存货增量（Δcapx）									
AR	4.64	3.02	4.87	3.76	3.51	5.25	3.91	2.98	4.51	3.71
SD	6.05	3.02	2.52	2.52	3.02	2.52	3.02	3.02	2.52	2.52
SR	0.77	1.00	1.93	1.49	1.16	2.09	1.29	0.99	1.79	1.47
f26	存货增量（Cii）									
AR	4.84	4.19	4.91	4.73	3.76	4.78	4.03	4.49	5.40	5.22
SD	5.04	3.02	2.52	2.52	3.02	2.52	3.02	2.52	2.52	2.52
SR	0.96	1.39	1.95	1.88	1.24	1.90	1.33	1.78	2.14	2.07
f27	异常公司投资（Aci）									
AR	7.79	2.60	4.41	4.84	1.98	3.73	4.19	2.73	4.21	4.95
SD	4.54	3.02	2.02	2.52	3.02	2.52	2.52	2.52	2.02	2.52
SR	1.72	0.86	2.19	1.92	0.66	1.48	1.66	1.08	2.09	1.97
f28	净股票发行（Nsi）									
AR	4.37	3.65	3.08	2.91	3.27	2.67	2.29	3.44	2.60	2.22
SD	5.54	2.52	2.52	2.52	3.02	2.52	2.52	2.52	2.02	2.52
SR	0.79	1.45	1.22	1.15	1.08	1.06	0.91	1.37	1.29	0.88

续表

	EW	S0	D0	B0	S1	D1	B1	S2	D2	B2
f29	净经营资产（Noa）									
AR	11.29	6.02	5.78	5.44	5.29	5.98	6.27	6.51	6.29	6.56
SD	6.05	3.53	3.02	3.02	3.53	3.02	3.02	3.02	2.52	3.02
SR	1.87	1.71	1.91	1.80	1.50	1.98	2.07	2.15	2.49	2.17
f30	投资增长率（IG）									
AR	7.19	3.49	5.03	4.79	3.17	4.40	4.86	3.03	4.62	4.60
SD	6.05	3.02	2.52	2.52	3.02	2.52	3.02	2.52	2.02	2.52
SR	1.19	1.15	2.00	1.90	1.05	1.74	1.61	1.20	2.29	1.83
f31	净外部融资（Nxf）									
AR	8.19	3.98	3.49	4.38	3.68	3.43	4.46	3.65	3.27	4.13
SD	6.55	3.02	2.52	2.52	3.02	2.52	3.02	3.02	2.52	2.52
SR	1.25	1.32	1.39	1.74	1.22	1.36	1.48	1.21	1.30	1.64
f32	复合发行（Cei）									
AR	5.33	6.86	6.21	7.19	7.05	6.75	7.02	6.84	6.13	6.64
SD	6.55	3.53	3.53	3.53	3.53	3.02	3.53	3.53	3.53	3.53
SR	0.81	1.94	1.76	2.04	2.00	2.23	1.99	1.94	1.74	1.88
f33	总收益（TA/A）									
AR	5.97	4.51	4.79	5.33	3.48	3.81	4.83	3.98	4.27	4.65
SD	6.55	3.53	3.02	3.02	3.53	3.02	3.02	3.02	2.52	3.02
SR	0.91	1.28	1.59	1.76	0.99	1.26	1.60	1.32	1.69	1.54
f34	存货增长率（Ivg）									
AR	5.00	3.76	4.84	4.44	3.86	4.27	4.30	3.97	5.08	4.59
SD	5.54	2.52	2.02	2.52	3.02	2.52	2.52	2.52	2.02	2.52
SR	0.90	1.49	2.40	1.76	1.28	1.69	1.71	1.57	2.52	1.82
f35	经营收益占比（Poa）									
AR	4.54	2.84	3.68	4.70	2.59	3.27	4.52	3.64	4.46	5.33
SD	4.03	2.52	2.02	2.52	3.02	2.52	2.52	2.52	2.02	2.52
SR	1.13	1.13	1.83	1.86	0.86	1.30	1.80	1.44	2.21	2.12

续表

	EW	S0	D0	B0	S1	D1	B1	S2	D2	B2
f36	总收益占比（Pta）									
AR	3. 29	2. 71	3. 84	3. 37	2. 76	3. 38	3. 08	2. 86	3. 97	3. 37
SD	4. 03	2. 52	2. 02	2. 52	3. 02	2. 52	2. 52	2. 52	2. 02	2. 52
SR	0. 81	1. 08	1. 91	1. 34	0. 91	1. 34	1. 22	1. 13	1. 97	1. 34
f37	递延收入增量（Δdrev）									
AR	11. 45	5. 78	9. 11	7. 57	5. 71	9. 11	7. 98	7. 40	9. 65	8. 84
SD	6. 55	5. 54	4. 54	5. 04	6. 05	5. 04	5. 54	5. 04	4. 03	5. 04
SR	1. 75	1. 04	2. 01	1. 50	0. 94	1. 81	1. 44	1. 47	2. 39	1. 75
f38	F 得分（F－score）									
AR	3. 87	3. 33	3. 24	3. 75	2. 64	2. 49	3. 65	2. 59	2. 64	3. 03
SD	5. 04	2. 52	2. 02	2. 52	3. 02	2. 52	2. 52	2. 52	2. 02	2. 52
SR	0. 77	1. 32	1. 61	1. 49	0. 87	0. 99	1. 45	1. 03	1. 31	1. 20
f39	利润率增量（ΔPM）									
AR	8. 67	9. 25	8. 78	10. 45	8. 19	8. 13	9. 45	9. 70	8. 92	10. 65
SD	5. 04	3. 02	2. 52	2. 52	3. 02	2. 52	2. 52	2. 52	2. 02	2. 52
SR	1. 72	3. 06	3. 48	4. 15	2. 71	3. 23	3. 75	3. 85	4. 43	4. 23
f40	资产周转率（Ato）									
AR	8. 10	4. 19	4. 56	5. 44	3. 67	4. 02	6. 05	4. 38	4. 16	5. 67
SD	7. 06	3. 02	3. 02	3. 02	3. 53	3. 02	3. 53	3. 53	3. 02	3. 02
SR	1. 15	1. 39	1. 51	1. 80	1. 04	1. 33	1. 71	1. 24	1. 38	1. 87
f41	税收费用增量（Δtax）									
AR	15. 37	13. 06	12. 43	14. 13	12. 68	11. 79	13. 76	13. 21	12. 13	14. 22
SD	6. 55	3. 02	3. 02	3. 02	3. 02	3. 02	3. 02	3. 02	2. 52	2. 52
SR	2. 35	4. 32	4. 11	4. 67	4. 19	3. 90	4. 55	4. 37	4. 81	5. 64
f42	资产收益率（Roa）									
AR	14. 19	10. 02	10. 22	11. 32	8. 32	8. 86	10. 38	11. 16	10. 18	11. 68
SD	8. 06	3. 53	3. 02	3. 53	4. 03	3. 02	3. 53	3. 53	3. 02	3. 53
SR	1. 76	2. 84	3. 38	3. 21	2. 06	2. 93	2. 94	3. 16	3. 36	3. 31

续表

	EW	S0	D0	B0	S1	D1	B1	S2	D2	B2
f43	总盈利能力（Gma）									
AR	9.24	8.21	7.21	8.95	9.70	8.03	10.56	9.54	8.19	10.33
SD	7.56	4.03	3.53	3.53	4.03	3.53	3.53	4.03	3.53	4.03
SR	1.22	2.04	2.04	2.54	2.41	2.28	2.99	2.37	2.32	2.56
f44	投资资本回报（Roic）									
AR	12.49	10.40	9.92	11.62	9.24	8.35	10.60	11.38	10.19	12.11
SD	8.06	4.03	3.53	3.53	4.03	3.53	3.53	4.03	3.53	3.53
SR	1.55	2.58	2.81	3.29	2.29	2.37	3.01	2.82	2.89	3.43
f45	权益收益率（Roe）									
AR	15.86	11.35	10.27	11.75	9.99	9.51	10.70	11.94	10.60	11.84
SD	7.56	3.02	3.02	3.02	3.53	3.02	3.02	3.02	3.02	3.02
SR	2.10	3.75	3.40	3.88	2.83	3.14	3.54	3.95	3.51	3.92
f46	净经营资产收益率（Rna）									
AR	14.35	8.05	8.68	9.60	8.91	8.52	10.43	9.89	9.51	10.83
SD	7.56	3.53	3.02	3.02	3.53	3.02	3.53	3.53	3.02	3.02
SR	1.90	2.28	2.87	3.18	2.52	2.82	2.96	2.80	3.14	3.58
f47	应税所得比账面收入（TI/BI）									
AR	2.94	2.79	2.87	3.14	1.71	1.94	2.32	2.29	2.73	2.89
SD	5.54	2.52	2.02	2.52	3.02	2.52	2.52	2.52	2.02	2.52
SR	0.53	1.11	1.43	1.25	0.57	0.77	0.92	0.91	1.35	1.15
f48	资本周转率（Cto）									
AR	5.70	5.51	4.14	6.56	3.97	2.86	5.52	4.91	3.43	6.32
SD	7.06	3.53	3.02	3.53	4.03	3.53	3.53	4.03	3.53	3.53
SR	0.81	1.56	1.37	1.86	0.98	0.81	1.57	1.22	0.97	1.79
f49	O 得分（O - score）									
AR	-4.70	-1.54	-0.95	-0.76	-1.64	-1.33	-1.37	-1.62	-1.16	-1.14
SD	6.55	3.53	3.02	3.53	3.53	3.02	3.02	3.53	3.02	3.02
SR	-0.72	-0.44	-0.31	-0.22	-0.46	-0.44	-0.45	-0.46	-0.38	-0.38

续表

	EW	S0	D0	B0	S1	D1	B1	S2	D2	B2
f50	雇员增长率（Egr）									
AR	2. 51	0. 92	2. 48	1. 46	0. 62	1. 68	0. 95	0. 63	2. 44	1. 38
SD	6. 05	3. 02	2. 52	2. 52	3. 02	2. 52	2. 52	3. 02	2. 52	2. 52
SR	0. 41	0. 30	0. 98	0. 58	0. 20	0. 67	0. 38	0. 21	0. 97	0. 55
f51	广告费用增量（Δade）									
AR	-0. 03	0. 98	1. 17	3. 19	0. 97	0. 95	3. 32	-0. 48	1. 10	2. 48
SD	5. 54	4. 54	3. 53	4. 03	4. 54	4. 03	4. 03	4. 03	3. 53	3. 53
SR	-0. 01	0. 22	0. 33	0. 79	0. 21	0. 24	0. 82	-0. 12	0. 31	0. 70
f52	R&D 增量（Rdi）									
AR	-1. 86	1. 59	-0. 48	0. 97	2. 76	0. 60	1. 57	2. 00	0. 08	0. 70
SD	6. 05	3. 53	3. 02	3. 02	3. 53	3. 02	3. 53	3. 02	2. 52	3. 02
SR	-0. 31	0. 45	-0. 16	0. 32	0. 78	0. 20	0. 45	0. 66	0. 03	0. 23
f53	广告费用市值比（Ad/M）									
AR	10. 54	3. 13	2. 43	1. 64	3. 35	2. 95	1. 29	4. 38	4. 30	2. 43
SD	10. 58	5. 04	4. 54	4. 54	5. 54	4. 54	5. 04	5. 54	4. 54	5. 04
SR	1. 00	0. 62	0. 54	0. 36	0. 60	0. 65	0. 26	0. 79	0. 95	0. 48
f54	R&D 销量比（RD/S）									
AR	9. 86	8. 97	9. 27	8. 65	6. 46	6. 40	5. 25	9. 03	9. 30	8. 48
SD	12. 60	6. 05	5. 54	5. 54	4. 54	4. 03	4. 03	5. 04	4. 54	4. 54
SR	0. 78	1. 48	1. 67	1. 56	1. 42	1. 59	1. 30	1. 79	2. 05	1. 87
f55	R&D 市值比（RD/M）									
AR	14. 87	9. 83	9. 38	7. 64	8. 38	7. 60	6. 06	9. 89	9. 05	7. 79
SD	9. 07	4. 54	4. 03	4. 03	4. 03	3. 53	4. 03	4. 03	3. 53	3. 53
SR	1. 64	2. 17	2. 33	1. 89	2. 08	2. 16	1. 50	2. 45	2. 56	2. 21
f56	R&D 资本比总资产（Rc/A）									
AR	12. 06	13. 10	13. 94	13. 45	6. 76	8. 00	7. 60	10. 86	11. 72	11. 16
SD	12. 60	5. 54	5. 04	5. 04	4. 54	4. 03	4. 03	4. 54	4. 03	4. 54
SR	0. 96	2. 36	2. 77	2. 67	1. 49	1. 98	1. 89	2. 39	2. 91	2. 46

续表

	EW	S0	D0	B0	S1	D1	B1	S2	D2	B2
f57	经营杠杆（OL）									
AR	5.32	5.43	3.83	5.71	6.13	4.08	6.57	4.98	2.71	4.75
SD	6.05	3.53	3.02	3.53	4.03	3.53	4.03	3.53	3.53	3.53
SR	0.88	1.54	1.27	1.62	1.52	1.16	1.63	1.41	0.77	1.35
f58	股票交易率（Turn）									
AR	-2.29	2.56	0.48	1.51	-0.48	-0.71	-0.83	1.92	-0.11	0.56
SD	13.10	5.04	4.54	5.04	4.03	3.53	3.53	4.54	3.53	4.03
SR	-0.17	0.51	0.10	0.30	-0.12	-0.20	-0.23	0.42	-0.03	0.14
f59	总波动（Tvol）									
AR	-1.87	7.64	1.17	6.83	3.87	0.21	3.25	5.27	0.54	4.14
SD	15.12	6.05	5.54	6.05	4.03	3.53	4.03	5.04	4.54	5.04
SR	-0.12	1.26	0.21	1.13	0.96	0.06	0.81	1.05	0.12	0.82
f60	收益波动（Avol）									
AR	4.24	3.64	1.44	3.78	2.52	2.40	3.67	3.56	1.92	3.76
SD	7.56	3.02	2.52	3.02	3.02	2.52	3.02	3.02	2.52	2.52
SR	0.56	1.20	0.57	1.25	0.83	0.95	1.21	1.18	0.76	1.49
f61	现金流波动（Cvol）									
AR	9.87	2.73	3.32	4.29	3.08	5.05	4.97	5.38	6.05	7.79
SD	7.06	3.53	3.02	3.02	4.03	3.53	4.03	4.54	4.03	4.03
SR	1.40	0.77	1.10	1.42	0.76	1.43	1.23	1.19	1.50	1.93

表8-5　$N=1000$ 时，61个因子10种组合的年化AR、SD和SR　单位：%

	EW	S0	D0	B0	S1	D1	B1	S2	D2	B2
f1	前11个月的动量（11-MM）									
AR	8.08	1.97	5.10	9.45	1.65	3.70	6.08	1.90	3.32	7.70
SD	11.59	8.57	6.05	6.05	5.54	4.03	3.53	6.55	5.04	4.54
SR	0.70	0.23	0.84	1.56	0.30	0.92	1.72	0.29	0.66	1.70

续表

	EW	S0	D0	B0	S1	D1	B1	S2	D2	B2
f2	前 1 个月的动量（1 – MM）									
AR	4.97	20.43	15.41	6.03	6.83	7.21	4.06	18.64	14.54	13.79
SD	9.07	7.56	6.05	14.11	6.05	3.53	4.54	6.05	4.54	6.55
SR	0.55	2.70	2.55	0.43	1.13	2.04	0.90	3.08	3.21	2.11
f3	前 6 个月的动量（6 – MM）									
AR	3.08	0.17	–1.76	1.38	3.83	0.95	2.46	–4.79	–4.14	–2.89
SD	11.09	9.07	6.05	7.06	5.54	3.53	3.53	6.55	4.54	5.04
SR	0.28	0.02	–0.29	0.20	0.69	0.27	0.70	–0.73	–0.91	–0.57
f4	前 1 个月的最大日收益（Mxret）									
AR	–2.89	0.25	–4.56	–3.30	–0.17	–0.90	–1.48	1.87	–2.13	–1.30
SD	11.59	5.54	3.02	3.53	4.54	2.52	3.02	5.04	2.52	3.02
SR	–0.25	0.05	–1.51	–0.94	–0.04	–0.36	–0.49	0.37	–0.84	–0.43
f5	前 6 个月的动量增量（Δ6 – MM）									
AR	5.13	3.30	3.73	3.19	–0.17	2.94	1.90	5.24	4.02	4.40
SD	7.56	6.05	3.02	4.54	5.54	2.52	3.02	5.54	2.52	3.53
SR	0.68	0.55	1.23	0.70	–0.03	1.17	0.63	0.94	1.59	1.25
f6	盈余公告日前后的累积异常收益（Abr）									
AR	6.37	4.64	5.05	7.19	5.37	5.14	7.30	3.29	3.98	6.08
SD	4.03	4.03	2.52	2.52	4.03	2.02	2.52	3.53	2.02	2.02
SR	1.58	1.15	2.00	2.85	1.33	2.55	2.90	0.93	1.98	3.02
f7	美元成交量（Dvol）									
AR	8.86	8.92	7.00	10.92	7.97	4.87	8.67	4.94	5.67	8.75
SD	6.05	6.05	3.53	4.03	5.04	3.02	3.02	6.05	3.53	4.03
SR	1.46	1.48	1.98	2.71	1.58	1.61	2.87	0.82	1.61	2.17
f8	市值（ME）									
AR	9.41	4.54	4.54	5.91	6.46	7.68	9.51	6.81	8.75	10.35
SD	8.06	5.04	3.02	3.53	5.54	3.02	3.53	6.55	4.03	4.54
SR	1.17	0.90	1.50	1.67	1.17	2.54	2.70	1.04	2.17	2.28

续表

	EW	S0	D0	B0	S1	D1	B1	S2	D2	B2
f9	账面价值市值比（B/M）									
AR	4.43	1.38	2.54	3.06	-0.60	1.89	2.10	1.38	2.86	2.89
SD	8.57	4.54	3.02	3.02	4.54	3.02	3.02	4.54	3.02	3.02
SR	0.52	0.30	0.84	1.01	-0.13	0.62	0.69	0.30	0.94	0.96
f10	资产增长率（Agr）									
AR	1.44	2.17	0.95	2.05	0.73	0.94	1.87	2.54	0.95	2.05
SD	5.04	3.53	2.02	2.02	3.53	2.02	2.02	3.02	1.51	2.02
SR	0.29	0.62	0.47	1.02	0.21	0.46	0.93	0.84	0.63	1.02
f11	市盈率（E/P）									
AR	21.22	21.38	20.21	23.24	18.76	18.14	22.14	21.78	19.24	22.72
SD	8.06	4.03	2.52	3.02	4.03	2.52	3.02	4.03	2.52	2.52
SR	2.63	5.30	8.02	7.69	4.65	7.20	7.32	5.40	7.63	9.01
f12	长期负债增长率（Δlgr）									
AR	4.03	3.16	3.78	3.65	3.60	3.60	3.86	2.43	2.94	2.94
SD	4.03	3.53	2.02	2.02	3.53	2.02	2.02	3.53	1.51	2.02
SR	1.00	0.90	1.87	1.81	1.02	1.79	1.91	0.69	1.94	1.46
f13	股东权益增长率（Δceq）									
AR	9.21	7.92	7.72	8.70	8.70	8.10	9.10	8.21	8.32	9.38
SD	5.54	3.53	2.02	2.02	4.03	2.02	2.52	3.53	2.02	2.02
SR	1.66	2.25	3.83	4.32	2.16	4.02	3.61	2.33	4.13	4.65
f14	经营现金流（Cflow）									
AR	19.08	14.65	17.00	18.30	13.70	15.41	17.76	13.97	15.56	17.33
SD	5.54	4.03	2.02	2.52	4.03	2.02	2.52	3.53	2.02	2.02
SR	3.44	3.63	8.43	7.26	3.40	7.65	7.05	3.96	7.72	8.60
f15	现金价格比（Cash）									
AR	13.40	5.70	5.29	6.49	5.73	6.54	7.64	6.35	6.60	7.89
SD	7.06	3.02	1.51	2.02	4.03	2.02	2.52	3.53	2.02	2.52
SR	1.90	1.88	3.50	3.22	1.42	3.24	3.03	1.80	3.28	3.13

续表

	EW	S0	D0	B0	S1	D1	B1	S2	D2	B2
f16	股息生息率（D/P）									
AR	-5.21	1.89	0.63	-0.05	4.57	0.11	-0.13	2.83	-0.02	-0.57
SD	9.07	4.54	3.02	3.02	5.04	3.02	3.02	5.54	3.53	3.53
SR	-0.57	0.42	0.21	-0.02	0.91	0.04	-0.04	0.51	0.00	-0.16
f17	股利支付率（O/P）									
AR	2.30	1.17	3.54	2.86	0.57	2.46	2.17	2.16	4.19	4.03
SD	6.55	3.53	2.02	2.02	4.03	2.52	2.52	3.53	2.52	2.52
SR	0.35	0.33	1.76	1.42	0.14	0.98	0.86	0.61	1.66	1.60
f18	净股利支付率（NO/P）									
AR	2.19	6.11	4.79	4.43	5.84	4.13	4.21	6.33	4.48	4.67
SD	8.06	3.53	2.02	2.02	4.03	2.02	2.52	3.53	2.02	2.52
SR	0.27	1.73	2.38	2.20	1.45	2.05	1.67	1.80	2.22	1.85
f19	销售增长率（SG）									
AR	6.00	4.19	6.51	6.70	4.70	6.64	7.19	4.83	6.86	7.43
SD	4.54	3.53	1.51	2.02	3.53	2.02	2.02	3.53	1.51	2.02
SR	1.32	1.19	4.30	3.32	1.33	3.29	3.57	1.37	4.54	3.69
f20	市场杠杆（A/ME）									
AR	2.22	1.29	1.60	1.21	-1.59	0.68	-0.32	2.08	1.97	1.81
SD	10.08	5.04	3.53	3.53	5.04	3.02	3.53	5.54	3.53	3.53
SR	0.22	0.26	0.45	0.34	-0.31	0.23	-0.09	0.38	0.56	0.51
f21	盈余公告日月的异常成交量（Aevol）									
AR	4.41	2.91	3.60	3.86	2.00	2.86	2.92	2.73	3.19	3.48
SD	4.03	3.53	1.51	2.02	3.53	2.02	2.02	3.02	1.51	2.02
SR	1.09	0.82	2.38	1.91	0.57	1.42	1.45	0.90	2.11	1.72
f22	盈利意外（Sue）									
AR	18.59	15.94	15.57	17.64	15.10	15.02	17.10	16.18	15.99	17.99
SD	4.54	3.53	2.02	2.02	3.53	2.02	2.02	3.02	2.02	2.02
SR	4.10	4.52	7.72	8.75	4.28	7.45	8.48	5.35	7.93	8.92

续表

	EW	S0	D0	B0	S1	D1	B1	S2	D2	B2
f24	营运资本收益（Acc）									
AR	12.81	8.38	10.13	10.43	9.10	9.37	10.10	7.10	8.91	9.49
SD	3.53	3.53	2.02	2.02	4.03	2.02	2.52	3.53	1.51	2.02
SR	3.63	2.38	5.02	5.17	2.26	4.65	4.01	2.01	5.89	4.71
f25	资本支出和存货增量（Δcapx）									
AR	7.72	2.92	4.91	5.27	4.60	5.35	5.73	3.97	4.62	5.18
SD	4.54	3.53	2.02	2.02	4.03	2.02	2.52	3.53	2.02	2.02
SR	1.70	0.83	2.43	2.61	1.14	2.65	2.27	1.12	2.29	2.57
f26	存货增量（Cii）									
AR	5.73	4.19	4.86	5.30	0.78	3.84	3.59	4.11	4.86	5.05
SD	4.03	4.03	2.02	2.52	4.03	2.02	2.52	3.53	2.02	2.02
SR	1.42	1.04	2.41	2.10	0.19	1.91	1.42	1.17	2.41	2.50
f27	异常公司投资（Aci）									
AR	7.08	6.68	4.51	6.32	5.56	3.87	5.68	5.87	4.30	6.13
SD	4.03	3.53	1.51	2.02	4.03	2.02	2.02	3.53	1.51	2.02
SR	1.76	1.89	2.98	3.13	1.38	1.92	2.82	1.66	2.85	3.04
f28	净股票发行（Nsi）									
AR	3.57	4.97	3.13	3.81	4.54	2.84	3.25	5.05	3.00	3.49
SD	5.04	3.53	2.02	2.02	3.53	2.02	2.02	3.53	1.51	2.02
SR	0.71	1.41	1.55	1.89	1.29	1.41	1.61	1.43	1.98	1.73
f29	净经营资产（Noa）									
AR	9.05	8.49	6.51	7.43	6.91	6.98	8.35	9.54	7.05	8.49
SD	5.04	4.03	2.52	2.52	4.54	2.52	2.52	4.03	2.52	2.52
SR	1.80	2.11	2.58	2.95	1.52	2.77	3.31	2.37	2.80	3.37
f30	投资增长率（IG）									
AR	6.13	4.84	3.65	4.81	4.86	2.33	4.02	4.60	3.57	4.48
SD	4.54	3.53	2.02	2.02	4.03	2.02	2.02	3.53	1.51	2.02
SR	1.35	1.37	1.81	2.39	1.20	1.16	1.99	1.30	2.36	2.22

续表

	EW	S0	D0	B0	S1	D1	B1	S2	D2	B2
f31	净外部融资（Nxf）									
AR	7.65	5.91	5.75	6.59	6.35	5.92	7.03	5.10	5.11	6.16
SD	5.54	4.03	2.02	2.52	4.03	2.02	2.52	3.53	2.02	2.02
SR	1.38	1.46	2.85	2.61	1.57	2.94	2.79	1.44	2.54	3.06
f33	总收益（TA/A）									
AR	7.89	3.97	3.87	4.84	2.44	3.44	4.19	3.21	3.44	4.41
SD	5.04	4.54	2.52	2.52	4.54	2.02	2.52	4.03	2.02	2.52
SR	1.57	0.87	1.54	1.92	0.54	1.71	1.66	0.80	1.71	1.75
f34	存货增长率（Ivg）									
AR	6.22	2.13	4.06	3.92	1.83	3.78	3.89	3.17	4.48	4.59
SD	4.03	3.53	1.51	2.02	3.53	2.02	2.02	3.02	1.51	2.02
SR	1.54	0.60	2.69	1.94	0.52	1.87	1.93	1.05	2.96	2.28
f35	经营收益占比（Poa）									
AR	7.33	7.33	5.94	6.64	6.87	5.79	6.86	7.18	6.60	7.32
SD	3.53	3.53	1.51	2.02	3.53	2.02	2.02	3.02	1.51	2.02
SR	2.08	2.08	3.93	3.29	1.95	2.87	3.40	2.37	4.37	3.63
f36	总收益占比（Pta）									
AR	3.94	2.52	3.02	3.05	0.57	2.68	2.60	2.49	3.10	3.11
SD	3.02	3.53	2.02	2.02	3.53	2.02	2.02	3.53	2.02	2.02
SR	1.30	0.72	1.50	1.51	0.16	1.33	1.29	0.71	1.54	1.54
f38	F 得分（F－score）									
AR	3.03	0.02	3.65	3.75	1.49	3.57	4.05	－0.16	3.60	3.59
SD	4.54	3.02	1.51	2.02	3.53	2.02	2.02	3.02	1.51	2.02
SR	0.67	0.01	2.41	1.86	0.42	1.77	2.01	－0.05	2.38	1.78
f39	利润率增量（ΔPM）									
AR	11.86	9.52	10.49	12.73	8.57	10.13	12.08	10.60	10.97	13.22
SD	4.03	3.53	2.02	2.02	3.53	2.02	2.02	3.53	1.51	2.02
SR	2.94	2.70	5.20	6.32	2.43	5.02	5.99	3.01	7.25	6.56

续表

	EW	S0	D0	B0	S1	D1	B1	S2	D2	B2
f40	资产周转率（Ato）									
AR	8.30	5.14	4.98	6.46	3.48	4.27	6.40	5.11	5.11	7.41
SD	6.05	4.03	2.02	2.52	4.54	2.52	2.52	4.03	2.52	2.52
SR	1.37	1.28	2.47	2.56	0.77	1.69	2.54	1.27	2.03	2.94
f41	税收费用增量（Δtax）									
AR	18.92	18.64	17.41	19.21	18.49	16.16	18.99	17.72	16.80	18.87
SD	5.54	4.03	2.02	2.52	4.03	2.02	2.52	3.53	2.02	2.52
SR	3.41	4.62	8.64	7.62	4.59	8.02	7.53	5.02	8.33	7.49
f42	资产收益率（Roa）									
AR	15.51	13.95	13.91	16.49	14.16	13.16	16.38	15.97	13.22	16.19
SD	7.06	4.54	2.52	3.02	4.54	2.52	3.02	4.54	2.52	3.02
SR	2.20	3.08	5.52	5.45	3.12	5.22	5.42	3.52	5.25	5.35
f43	总盈利能力（Gma）									
AR	9.27	10.59	8.57	10.32	9.67	8.33	10.16	11.10	9.06	11.02
SD	6.05	5.04	2.52	3.02	5.04	3.02	3.02	5.04	3.02	3.02
SR	1.53	2.10	3.40	3.41	1.92	2.76	3.36	2.20	3.00	3.64
f44	投资资本回报（Roic）									
AR	14.38	14.14	12.97	15.99	12.92	12.08	15.48	15.24	13.11	16.29
SD	7.06	4.54	3.02	3.02	4.54	3.02	3.02	4.54	3.02	3.02
SR	2.04	3.12	4.29	5.29	2.85	3.99	5.12	3.36	4.34	5.39
f45	权益收益率（Roe）									
AR	16.87	17.37	14.53	17.38	16.07	14.14	17.03	18.48	14.70	17.41
SD	7.06	4.03	2.52	2.52	4.54	2.52	2.52	4.03	2.52	2.52
SR	2.39	4.31	5.76	6.90	3.54	5.61	6.76	4.58	5.83	6.91
f46	净经营资产收益率（Rna）									
AR	14.57	12.10	11.46	13.79	13.53	12.27	14.94	14.46	12.68	15.16
SD	6.55	4.03	2.52	2.52	4.54	2.52	2.52	4.03	2.52	2.52
SR	2.22	3.00	4.55	5.47	2.98	4.87	5.93	3.59	5.03	6.02

续表

	EW	S0	D0	B0	S1	D1	B1	S2	D2	B2
f47	应税所得比账面收入（TI/BI）									
AR	2.08	3.65	2.84	3.51	4.57	2.76	4.06	3.19	2.76	3.37
SD	5.54	3.02	2.02	2.02	3.53	2.02	2.02	3.02	1.51	2.02
SR	0.38	1.21	1.41	1.74	1.30	1.37	2.02	1.06	1.83	1.67
f48	资本周转率（Cto）									
AR	7.14	7.14	5.19	7.84	4.56	4.86	7.79	5.62	4.67	7.62
SD	6.05	4.54	2.52	3.02	4.54	2.52	3.02	5.04	3.02	3.02
SR	1.18	1.57	2.06	2.59	1.00	1.93	2.58	1.11	1.54	2.52
f49	O 得分（O - score）									
AR	1.52	-3.05	-2.21	-2.33	-2.98	-2.10	-1.76	-2.52	-2.16	-2.13
SD	5.54	5.04	2.52	3.02	4.54	2.52	2.52	4.54	2.52	2.52
SR	0.27	-0.60	-0.88	-0.77	-0.66	-0.83	-0.70	-0.56	-0.86	-0.84
f50	雇员增长率（Egr）									
AR	3.17	1.92	2.56	2.29	1.33	2.32	2.24	1.38	2.08	1.64
SD	5.04	3.53	2.02	2.02	3.53	2.02	2.02	3.53	2.02	2.02
SR	0.63	0.54	1.27	1.13	0.38	1.15	1.11	0.39	1.03	0.81
f57	经营杠杆（OL）									
AR	7.76	5.10	4.54	7.18	6.54	4.67	7.29	4.51	3.98	6.24
SD	6.05	5.04	2.52	3.02	5.54	3.02	3.53	5.04	3.02	3.02
SR	1.28	1.01	1.80	2.37	1.18	1.54	2.07	0.89	1.32	2.06
f58	股票交易率（Turn）									
AR	-1.02	3.08	1.22	2.68	1.19	0.13	0.98	0.78	0.32	1.57
SD	11.59	6.05	3.53	3.53	4.54	2.52	3.02	5.04	3.02	3.02
SR	-0.09	0.51	0.35	0.76	0.26	0.05	0.33	0.15	0.10	0.52
f59	总波动（Tvol）									
AR	-3.75	7.03	-2.78	2.00	5.86	-0.57	1.21	5.70	-1.59	0.51
SD	13.61	7.06	5.04	4.54	5.04	3.02	3.53	6.05	4.03	4.03
SR	-0.28	1.00	-0.55	0.44	1.16	-0.19	0.34	0.94	-0.39	0.13

续表

	EW	S0	D0	B0	S1	D1	B1	S2	D2	B2
f60	收益波动（Avol）									
AR	2.17	2.86	2.19	3.62	2.10	2.03	2.67	2.73	2.48	3.71
SD	7.06	4.54	2.02	2.52	4.54	2.52	2.52	4.03	2.02	2.52
SR	0.31	0.63	1.09	1.44	0.46	0.81	1.06	0.68	1.23	1.47
f61	现金流波动（Cvol）									
AR	9.11	3.29	3.86	5.79	6.68	5.89	8.13	3.06	5.91	8.16
SD	6.55	4.54	2.52	3.02	5.54	3.02	3.02	5.54	3.53	3.53
SR	1.39	0.72	1.53	1.92	1.21	1.95	2.69	0.55	1.67	2.31

注：$N=1000$ 时，以下几个因子因数据不足而省略：f23 订单储备增量（OB），f32 复合发行（Cei），f37 递延收入增量（Δdrev），f51 广告费用增量（Δade），f52 R&D 增量（Rdi），f53 广告费用市值比（Ad/M），f54 R&D 销量比（RD/S），f55 R&D 市值比（RD/M），f56 R&D 资本比总资产（Rc/A）。

为了便于比较分析，我们将 Markowitz 组合（包括 S0、D0、B0、S1、D1、B1、S2、D2、B2 这九组实验）的年化夏普尔率（SR）均除以 Sorting 组合（EW）的年化夏普尔率，通过比较这一比值与 1 的大小，来对 Markowitz 组合与 Sorting 组合的表现进行比较。图 8－1～图 8－3 分别展示

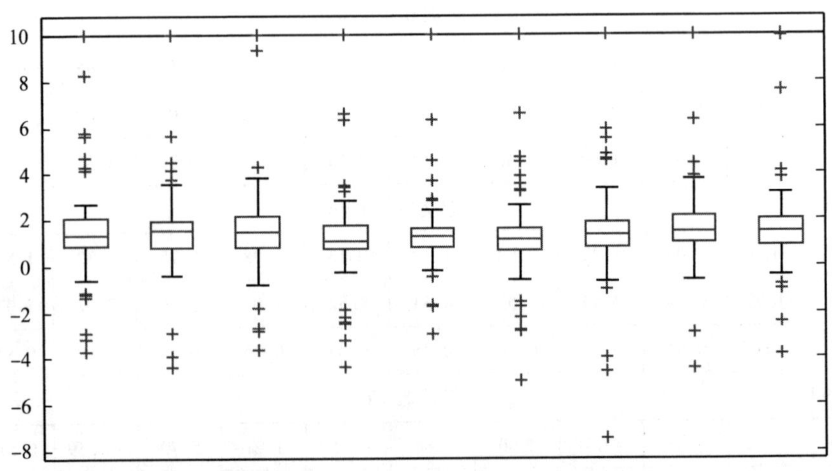

图 8－1　$N=100$ 时 Markowitz 组合与 Sorting 组合夏普尔率比值的箱形图

注：仅报告绝对值不超过 10 的值。

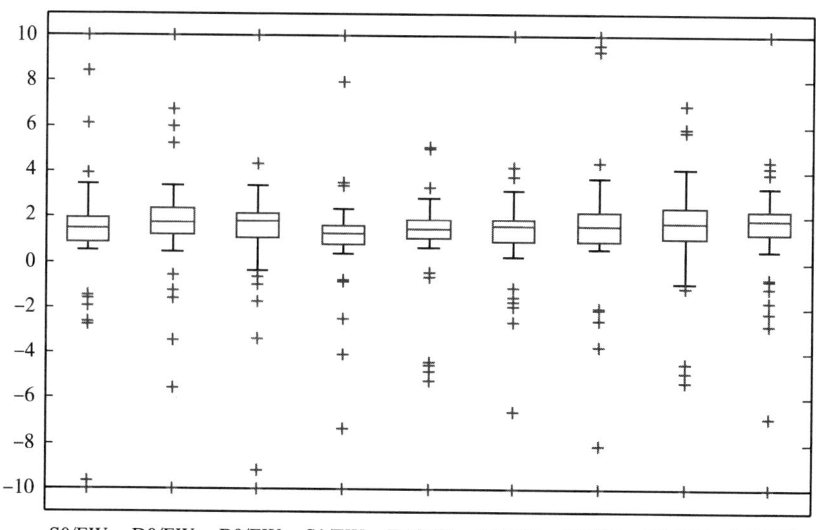

图 8-2 $N=500$ 时 Markowitz 组合与 Sorting 组合夏普尔率比值的箱形图

注：仅报告绝对值不超过 10 的值。

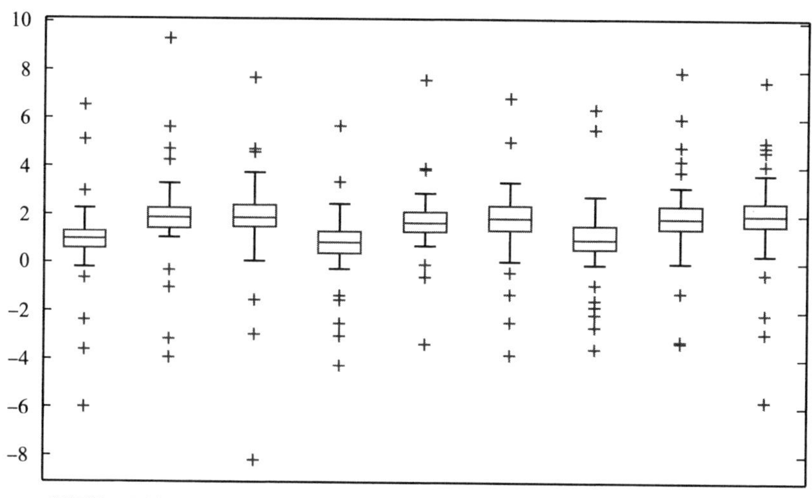

图 8-3 $N=1000$ 时 Markowitz 组合与 Sorting 组合夏普尔率比值的箱形图

注：仅报告绝对值不超过 10 的值。

了横截面维度为 100，500，1000 时，相应九组比值的箱形图。注意到存在一些 Sorting 组合的夏普尔率绝对值过小，导致这一比值的绝对值过大，为了更好地观测这一比值的一般特征，我们在图中仅报告绝对值不超过10的比值。

从图中容易看到，绝大多数的比值都大于1，说明Markowitz组合相比Sorting组合表现更好。为了更直观地研究这一比值，我们在表8-6中给出了三种不同横截面维度下，九组比值的中位数和均值。由于比值中存在一些极值，中位数比均值更能反映数据的整体情况。

表8-6　九组Markowitz组合与Sorting组合夏普尔率比值的中位数和均值

	S0/EW	D0/EW	B0/EW	S1/EW	D1/EW	B1/EW	S2/EW	D2/EW	B2/EW
中位数									
$N=100$	1.36	1.54	1.46	1.09	1.26	1.16	1.31	1.51	1.45
$N=500$	1.50	1.78	1.82	1.24	1.45	1.61	1.60	1.74	1.85
$N=1000$	0.96	1.86	1.87	0.85	1.64	1.86	0.95	1.88	1.99
均值									
$N=100$	3.22	2.72	3.10	2.15	1.83	1.92	2.90	2.53	2.92
$N=500$	1.70	0.90	0.40	1.05	0.44	-0.09	2.30	0.38	0.09
$N=1000$	0.89	1.96	1.82	0.71	1.74	1.75	0.95	1.94	1.94

分析表8-6给出的中位数数据，可以得出以下几点结论：

（1）小于1的比值仅在$N=1000$时，在S0/EW，S1/EW和S2/EW中出现，这说明：第一，在横截面维度较小的情况下，Markowitz投资策略一致优于Sorting策略；第二，在高维情况下（$N=1000$时），由于用样本协方差矩阵估计总体协方差矩阵存在较大偏误，导致使用样本协方差矩阵的传统Markowitz策略（S0、S1、S2）处于劣势，即表现出这一组策略得到的夏普尔率小于由Sorting策略（EW）所得夏普尔率；第三，在高维情况下，如果使用非线性压缩方法估计协方差矩阵，则能有效解决传统Markowitz策略遇到的维数诅咒，使Markowitz投资策略的表现仍优于Sorting策略，这表现为基于DCC-NL方法的Markowitz策略（D0、D1、D2、B0、B1、B2）所得夏普尔率大于由Sorting策略（EW）所得夏普尔率。

（2）D0/EW，B0/EW，D1/EW，B1/EW，D2/EW，B2/EW 这六组比值不仅对于所有的横截面维度都大于1，而且都大于相应的 S/EW 比率，且随着横截面维度的增加而增大，这说明：第一，相比样本协方差矩阵，基于非线性压缩方法估计的 DCC 条件协方差和 BEKK 协方差能更好地估计总体协方差；第二，非线性压缩方法的优势，随着横截面维度的增加而表现得更为明显。

（3）比较 BEKK 方法和 DCC 方法，可以发现，当 $N=100$ 时，D/EW 大于 B/EW，而当 $N=500$ 或 $N=1000$ 时，D/EW 小于 B/EW。这说明，在小横截面维度下，DCC 运用到 Markowitz 组合中的表现优于 BEKK，而大横截面维度下，BEKK 表现优于 DCC。

（4）比较三种 Markowitz 组合方法，可以发现，S0/EW、D0/EW、B0/EW 的比值略高于 S1/EW，D1/EW，B1/EW 的相应比值，而略低于 S2/EW，D2/EW，B2/EW 的相应比值。这说明，在收益预测信号的选择上，用因子得分的数值，优于用因子得分的分组，而劣于用因子得分的排序。这可能的原因是：直接用得分的数值作为收益预测信号，会存在较大的规模偏差，而用因子得分的分组作为收益预测信号，又会丢失掉较多信息，而用因子得分的排序则既充分包含了因子得分的有效信息，又避免了不同因子在不同股票个体中的规模偏差。

8.4 本章总结

本章实证研究高维金融资产组合的构建。本章首先梳理了现有文献中表现显著的61个股市收益预测信号，包括动量、价值增长比、投资、盈利能力、无形资产、波动六类。其中动量类包括以下6个：前11个月的动量、前1个月的动量、前6个月的动量、前1个月的最大日收益、前6个月的动量增量、盈余公告日前后的累积异常收益；价值增长比类包括以下17个：美元成交量、市值、账面价值市值比、资产增长率、市盈率、长期负债增长率、股东权益增长率、经营现金流、现金价格比、股息生息率、股利支付率、净股利支付率、销售增长率、市场杠杆、盈余公告日月的异常成交量、盈利意外、订单储备增量；投资类包括以下 13 个：营运资本收益、资本支出和存货增量、存货增量、异常公司投资、净股票发行、净经营资产、投资增长率、净外部融资、复合发行、总收益、存货增长率、经营收益占比、总收益占比；盈利能力类包括 13 个：递延收入增量、F 得分、利润率增量、资产周转率、税收费用增量、资产收益率、总利润比资产、投资资本收益率、权益收益率、净经营资产收益率、应税所得比账面收入、资本周转率、O 得分；无形资产类包括以下 8 个：雇员增长率、广告费用增量、R&D 增量、广告费用市值比、R&D 销量比、R&D 市值比、R&D 资本比总资产、经营杠杆；波动类包括 4 个：股票交易率、总波动、收益波动、现金流波动。

第二部分介绍了本章实证研究的数据来源及构建最小方差组合、Sorting 组合和 Markowitz 均值方差有效组合的一些基本准则。

在第三部分，本章基于 NASDAQ 和 NYSE 上市的股票，进行了两组实证研究。为了避免其它因素的干扰，而尽可能准确地比较不同方法对样本外协方差矩阵预测的效果，在第一组实证中，我们基于 7 种不同的协方差矩阵估计方法，构建最小方差组合。最后得出结论为：在估计样本外协方差矩阵时，将压缩估计方法运用到 DCC 和 BEKK 模型的估计中，可以显著提高估计效率、改善预测表现，且这种改善的效果随着横截面维度逐渐增大而越来越显著。另外，非线性压缩相比线性压缩的改善效果更为显著。

在第二组实证中，我们基于 61 个收益预测信号，构建了 9 种 Markowitz 组合，并与不考虑二阶矩信息的传统 Sorting 组合进行对比分析。这 9 种 Markowitz 组合考虑了 3 种不同的因子得分转换为收益预测信号的方式和 3 种不同的协方差矩阵估计方法，并进行组合。最后得出的主要结论为：第一，在横截面维度较小的情况下，Markowitz 投资策略一致优于 Sorting 策略；第二，在高维情况下，由于样本协方差矩阵与总体协方差矩阵存在较大偏误，导致使用样本协方差矩阵的传统 Markowitz 策略（S0、S1、S2）处于劣势；第三，在高维情况下，如果使用非线性压缩方法估计协方差矩阵，则能有效解决传统 Markowitz 策略遇到的维数诅咒，使 Markowitz 投资策略的表现仍优于 Sorting 策略；第四，相比样本协方差矩阵，基于非线性压缩方法估计的 DCC 条件协方差和 BEKK 条件协方差能更好地估计总体协方差；第五，非线性压缩方法的优势，随着横截面维度的增加而表现得更为明显；第六，在小横截面维度下，DCC 运用到 Markowitz 组合中的表现优于 BEKK，而大横截面维度下，BEKK 表现优于 DCC。

第9章
研究结论

我们知道，协方差矩阵的有效估计对于构建高质量的资产组合起着重要作用。一方面，在资产个数较少时，一般可直接使用样本协方差矩阵作为协方差矩阵的估计量。而在金融领域，经常会出现资产个数（横截面维度）过多，而超过或接近观测值个数（时间维度）的情况，这时，如果仍使用样本协方差矩阵会产生严重问题：当横截面维度超多时间维度时，样本协方差矩阵不再是满秩矩阵，因而不存在逆矩阵；即使横截面维度只是接近时间维度，样本协方差矩阵仍可逆，但这时样本协方差矩阵逆的期望值会是理论逆值的有偏估计量，这就是高维小样本问题。另一方面，考虑到金融资产波动的时变性和聚类效应，基于广义自回归条件异方差（GARCH）模型得到的条件协方差矩阵，往往比不考虑时变性的协方差矩阵，能更好地描述和预测资产的波动性和资产之间的相关性。但高维GARCH 模型的有效估计问题一直是理论界的一个重要难题。更进一步，随着高频数据的出现和使用，同一时间区间内的观测值个数（样本量）大大增加，缓解了高维小样本问题，但同时也带来了微观结构噪声、交易非同步等问题。除此以外，如何利用高维高频数据对协方差矩阵建模，以更好地描述和预测资产波动和相关性的动态变化，不仅是 GARCH 模型从针对低频到针对高频数据的扩展，更是计量理论和金融实证所亟待解决的难题，由此形成重要的学术研究前沿。

在此背景下，本书系统研究高维协方差矩阵估计的两类重要方法——因子模型和压缩估计，并对各类多元 GARCH 模型，及高维 GARCH 模型估计中存在的问题和现有文献提出的解决方法，进行了较为全面的综述。在此基础上，研究了如何将因子和压缩方法运用到高维 GARCH 模型的估计中，并重点研究 DCC－POET 和 DCC－NL 模型，通过 Monte Carlo 仿真模拟实验，考察了将压缩方法运用到 DCC 和 BEKK 模型估计中的作用。接着，讨论了如何处理高频数据的微观结构噪声和非同步交易问题，重点介绍了协方差矩阵的已实现核估计和预平均估计；最后，研究了 GARCH 模型在高频领域的两类扩展模型——HEAVY 模型及 GARCH－Itô 模型。在此基础上，探索了将因子模型与 HEAVY 及 GARCH－Itô 模型分别结合所形成的 Factor－HEAVY 模型和 Factor－GARCH－Itô 模型。

最后，本书基于美国纳斯达克（NASDAQ）和纽约证券交易所（NYSE）上市公司的数据，先后构建最小方差组合和 Markowitz 组合，并基于不同的方法估计协方差矩阵，分别以样本外方差和夏普尔率为依据，检验不同协方差矩阵估计方法的估计效率。其中，Markowitz 组合独立地考虑了来自现有权威文献的 61 个收益预测信号，并将所得夏普尔率除以 Sorting 组合的夏普尔率，以进行比较分析。本书的主要结论如下：

（1）本书通过两组分别针对 DCC 和 BEKK 模型设计的 Monte Carlo 仿真模拟实验，细致地研究了非线性压缩和线性压缩方法对有效估计高维 DCC、高维 BEKK 模型所起的作用。研究发现：无论对于 DCC 模型还是 BEKK 模型，压缩估计量的表现一致优于标准模型估计量，非线性压缩估计量的表现一致优于线性压缩估计量，且这两种优势都随着横截面维度与时间维度比值的增加而增强。

具体而言，我们构造了平均损失的相对改善（PRIAL）这一统计量，来量化估计量表现的优势。通过考察 100、250、500、1000 这 4 种不同的时间维度，以及 30、50、100、250、500 这 5 种不同的横截面维度，最后发现，随着横截面维度与时间维度的比值增大到 1，压缩估计对于 DCC 和 BEKK 模型的 PRIAL 都趋于增加到 100%，非线性压缩对于线性压缩的 PRIAL 虽然都不超过 50%，但也显著大于 0，且表现出随着横截面维度与时间维度比值增大而增加的趋势。

（2）在构建最小方差组合（GMV）的实证中，我们基于不同的 GARCH 模型和不同估计方法得到协方差矩阵，通过比较不同组合的样本外方差，得到与 Monte Carlo 模拟部分完全一致的结论，即：DCC－NL 估计 GMV 的表现一致优于 DCC－I，而 DCC－I 则一致优于 DCC；同样，

BEKK－NL一致优于BEKK－I，BEKK－I一致优于BEKK。且这些优势都随着横截面维度N增加而增大。

具体而言，我们以NASDAQ和NYSE上市且市值最大的前1000支股票为投资域，将时间维度设定为250，考察了30，50，100，250，500这5种不同的横截面维度，发现：当N从30增大到500时，DCC－NL对DCC－I和DCC的标准差优化分别从不足1%增加到7%，和从约3%增加到13%；BEKK－NL对BEKK－I和BEKK的标准差优化则分别从不足0.1%增加到2%，以及从约1%增加到10%。另外，我们还发现：DCC系列的3组组合整体上优于BEKK系列对应的3组组合。当N从30增大到100时，DCC对BEKK的标准差优化从2.5%增加到5%；当N从30增加到500，DCC－I对BEKK－I的标准差优化则从3%增加到10%，DCC－NL对BEKK－NL的标准差优化则从4%增加到11%。

（3）在构建Markowitz组合的实证中，我们重点比较非线性压缩方法估计DCC和BEKK模型得到的协方差矩阵和样本协方差矩阵的表现。本书对61个收益预测信号分别构建9种以不同方式考虑二阶矩信息的Markowitz组合和完全不考虑二阶矩信息的Sorting组合，通过比较其年化的夏普尔率，我们发现：第一，在横截面维度较小的情况下，Markowitz投资策略一致优于Sorting策略；第二，在高维情况下，由于样本协方差矩阵与真实协方差矩阵存在较大偏误，导致使用样本协方差矩阵的传统Markowitz策略处于劣势；第三，在高维情况下，如果使用非线性压缩方法估计协方差矩阵，则能有效解决传统Markowitz策略遇到的维数诅咒，使Markowitz投资策略的表现仍显著优于Sorting策略；第四，相比样本协方差矩阵，基于非线性压缩方法估计的DCC条件协方差和BEKK条件协方差能更好地估计总体协方差；第五，非线性压缩方法的优势，随着横截面维度的增加而表现得更为明显；第六，在小横截面维度下，DCC运用到Markowitz组合中的表现优于BEKK，而大横截面维度下，BEKK表现优于DCC。

本书的研究证实，将非线性压缩方法运用到DCC和BEKK模型的估计中，能得到高维条件协方差矩阵的有效估计量。将此估计量运用到高维资产的Markowitz组合构建中，相比不考虑资产间相关性的Sorting组合，或是使用样本协方差作为估计量的Markowitz组合，都能显著提高组合未来的收益—风险比。

参考文献

[1] 崔国伟:《高维因子模型相关理论与应用研究》，华中科技大学博士学位论文，2015 年。

[2] 冯玲，欧华宇:《存在相关性风险的资产组合策略》，载《系统工程理论与实践》2012 年第 3 期。

[3] 韩清，刘永刚:《已实现波动估计中不同降噪方法的比较分析及实证》，载《数量经济技术经济研究》2009 年第 8 期。

[4] 何朝林:《均值—方差模型具有一般不确定性下的最优资产组合选择》，载《中国管理科学》2015 年第 2 期。

[5] 黄恩喜，程希骏:《基于 pair copula - GARCH 模型的多资产组合 VaR 分析》，载《中国科学院研究生院学报》2010 年第 4 期。

[6] 黄后川，陈浪:《中国股票市场波动率的高频估计与特性分析》，载《经济研究》2003 年第 2 期。

[7] 刘丽萍，马丹，白万平:《大维数据的动态条件协方差阵的估计及其应用》，载《统计研究》2015 年第 6 期。

[8] 刘志东:《基于 Copula - GARCH - EVT 的资产组合选择模型及其混合遗传算法》，载《系统工程理论方法应用》2006 年第 2 期。

[9] 袁晨，傅强，彭选华:《我国股票与债券、黄金间的资产组合功能研究——基于 DCC - MVGARCH 模型的动态相关性分》，载《数理统计与管理》2014 年第 4 期。

[10] 赵树然，姜亚萍，任培民:《高频波动矩阵估计的比较分析——基于有噪非同步的金融数据》，载《中国管理科学》2015 年第 10 期。

[11] Aït - Sahalia, Y., Fan, J., Xiu, D., 2010. High-frequency covariance estimates with noisy and asynchronous financial data. *Journal of the*

American Statistical Association 105: 1504 – 1517.

[12] Aït – Sahalia, Y., Xiu, D., 2017. Using principal component analysis to estimate a high dimensional factor model with high-frequency data. *Journal of Econometrics* 201: 384 – 399.

[13] Aït – Sahalia, Y., Xiu, D., 2019. Principal component analysis of high-frequency data. *Journal of the American Statistical Association* 114 (525): 287 – 303.

[14] Alexander, C., Chibumba, A., 1997. *Multivariate orthogonal factor GARCH*. University of Sussex, Mimeo.

[15] Amengual, D., Watson, M. W., 2007. Consistent estimation of the number of dynamic factors in a large N and T panel. *Journal of Business & Economic Statistics* 25: 91 – 96.

[16] Andersen, T. G., Bollerslev, T., 1998. Answering the skeptics: yes, standard volatility models do provide accurate forecasts. *International Economic Review* 39: 885 – 905.

[17] Andersen, T. G., Bollerslev, T., Diebold, F. X., Labys, P., 2003. Modeling and forecasting realized volatility. *Econometrica* 71: 579 – 625.

[18] Andrews, D. W. K., 1991. Heteroskedasticity and autocorrelation consistent covariance matrix estimation. *Cowles Foundation Discussion Papers* 59 (3): 817 – 858.

[19] Ang, A., Hodrick, R. J., Xing, Y., Zhang, X., 2006. The cross-section of volatility and expected returns. *The Journal of Finance* 61 (1): 259 – 299.

[20] Anh, S., Horenstein, A., 2013. Eigenvalue ratio test for the number of factors. *Econometrica* 81: 1203 – 1127.

[21] Babsiri M. E., Zakoian J. M. 2001. Contemporaneous asymmetry in GARCH processes. *Journal of Econometrics* 101: 257 – 294.

[22] Bai J., Shi S., 2011. Estimating high dimensional covariance matrices and its applications. *Annals of Economics & Finance* 12 (2): 199 – 215.

[23] Bai, J., 2003. Inferential theory for factor models of large dimen-

sions. *Econometrica* 71: 135 – 172.

[24] Bai, J., Li, K., 2012. Statistical analysis of factor models of high dimension. *Anuals of Statistics* 40: 436 – 465.

[25] Bai, J., Li, K., 2014. Theory and methods of panel data models with interactive effects. *Anuals of Statistics* 42 (1): 142 – 170.

[26] Bai, J., Li, K., 2016. Maximum likelihood estimation and inference for approximate factor models of high dimension. *Review of Economics and Statistics* 98 (2): 298 – 309.

[27] Bai, J., Ng, S., 2002. Determining the number of factors in approximate factor models. *Econometrica* 70: 191 – 221.

[28] Bai, J., Ng, S., 2007. Determining the number of primitive shocks in factor models. *Journal of Business & Economic Statistics* 25: 52 – 60.

[29] Bai, Z., Silverstein, J. W., 1998. No eigenvalues outside the support of the limiting spectral distribution of large-dimensional sample covariance matrices. *Annals of Probability* 26: 316 – 345.

[30] Bai, Z., Silverstein, J. W., 1999. Exact separation of eigenvalues of large-dimensional sample covariance matrices. *Annals of Probability*, 27 (3): 1536 – 1555.

[31] Baillie, R. T., Bollerslev, T., Mikkelsen, H. O., 1996. Fractionally integrated generalized autoregressive conditional heteroskedasticity. *Journal of Econometrics* 74: 3 – 30.

[32] Balakrishnan, K., Bartov, E., Faurel, L., 2010. Post loss/profit announcement drift. *Journal of Accounting and Economics* 50 (1): 20 – 41.

[33] Bali, T. G., Cakici, N., Whitelaw, R. F., 2011. Maxing out: Stocks as lotteries and the cross-section of expected returns. *Journal of Financial Economics* 99 (2): 427 – 446.

[34] Bandyopadhyay, S. P., Huang, A. G., Wirjanto, T. S., 2010. *The accrual volatility anomaly.* Working paper, School of Accounting and Finance, University of Waterloo.

[35] Banz, R. W., 1981. The relationship between return and market

value of common stocks. *Journal of Financial Economics* 9 (1): 3 - 18.

[36] Barndorff - Nielsen, O. E, Shephard, N. , 2001. Normal modified stable processes. *Theory of Probability and Mathematics Statistics* 65: 1 - 19.

[37] Barndorff - Nielsen, O. E. , Hansen, P. R. , Lunde, A. , Shephard, N. , 2008, Designing realized kernels to measure the ex post variation of equity prices in the presence of noise. *Econometrica* 76: 1481 - 1536.

[38] Barndorff - Nielsen, O. E. , Hansen, P. R. , Lunde, A. , Shephard, N. , 2011. Multivariate realised kernels: Consistent positive semi-definite estimators of the covariation of equity prices with noise and non-synchronous trading. *Journal of Econometrics* 162: 149 - 169.

[39] Barndorff - Nielsen, O. E. , Shephard, N. 2002. Econometric analysis of realised volatility and its use in estimating stochastic volatility models. *Journal of the Royal Statistical Society* B 64: 253 - 280.

[40] Basu, S. , 1983. The relationship between earnings' yield, market value and return for NYSE common stocks: Further evidence. *Journal of Financial Economics* 12 (1): 129 - 156.

[41] Bauer, G. H. , Vorkink K. , 2011. Forecasting multivariate realized stock market volatility. *Journal of Econometrics* 160: 93 - 101.

[42] Bauwens, L. , Laurent S. , Rombouts J. V. K. , 2006. Multivariate GARCH models: A survey. *Journal of Applied Econometrics* 21 (1): 79 - 109.

[43] Bauwens, L. , Laurent, S. , 2002. A new class of multivariate skew densities, with application to GARCH models. *Journal of Business & Economic Statistics* 23 (3): 346 - 354.

[44] Bazdrech, S. , Belo, F. , Lin, X. , 2008. *Labor hiring, investment and stock return predictability in the cross section.* Working paper, Department of Finance, London School of Economics and Political Science.

[45] Belo, F. , Lin, X. , 2012. The inventory growth spread. *Review of Financial Studies* 25 (1): 278 - 313.

[46] Bhandari, L. C. , 1988. Debt/equity ratio and expected common stock returns: Empirical evidence. *The Journal of Finance* 43 (2): 507 - 528.

[47] Bollerslev, T., 1986. Generalized autoregressive conditional heteroskedasticity. *Journal of Econometrics* 31: 307-327.

[48] Bollerslev, T., 1990. Modeling the coherence in short-run nominal exchange rates: a multivariate generalized ARCH model. *Review of Economics and Statistics* 72: 498-505.

[49] Bollerslev, T., Engle, R. F., 1993. Common persistence in conditional variances. *Econometrica* 61: 167-186.

[50] Bollerslev, T., Engle, R. F., Wooldridge, J. M., 1988. A capital asset pricing model with time-varying covariances. *The Journal of Political Economy* 96 (1): 116-131.

[51] Bollerslev, T., Meddahi N., Nyawa S., 2019. High-dimensional multivariate realized volatility estimation. *Journal of Econometrics*, forthcoming.

[52] Bollerslev, T., Wooldridge, J. M., 1992. Quasi-maximum likelihood estimation and inference in dynamic models with time-varying covariances. *Econometric Reviews* 11: 143-172.

[53] Boudoukh, J., Michaely, R., Richardson, M., Roberts, M. R., 2007. On the importance of measuring payout yield: Implications for empirical asset pricing. *Journal of Finance* 62 (2): 877-915.

[54] Bradshaw, M. T., Richardson, S. A., Sloan, R. G., 2006. The relation between corporate financing activities, analysts' forecasts and stock returns. *Journal of Accounting and Economics* 42 (1): 53-85.

[55] Breitung, J. O. R., Pigorsch, U., 2013. *A canonical correlation approach for selecting the number of dynamic factors.* Oxford Bulletin of Economics and Statistics 75: 23-36.

[56] Brown, D. P., Rowe, B., 2007. The productivity premium in equity returns. *Social Science Electronic Publishing*. Available at SSRN 993467.

[57] Cappiello L., Engle R. F., Sheppard K., 2006. Asymmetric dynamics in the correlations of global equity and bond returns. *Journal of Financial Econometrics* 4 (4): 537-572.

[58] Chamberlain, G., Rothschild, M., 1983. Arbitrage, factor structure

and mean-variance analysis in large asset markets. *Econometrica* 51: 1305 – 1324.

[59] Chan, L. K., Jegadeesh, N., Lakonishok, J., 1996. Momentum strategies. *Journal of Finance* 51 (5): 1681 – 1713.

[60] Chan, L. K., Lakonishok, J., Sougiannis, T., 2001. The stock market valuation of research and development expenditures. *Journal of Finance* 56 (6): 2431 – 2456.

[61] Chandrashekar, S., Rao, R. K., 2009. The productivity of corporate cash holdings and the cross-section of expected stock returns. *McCombs Research Paper Series*, No. FIN – 03 – 09.

[62] Chemmanur, T. J., Yan, A., 2009. Advertising, attention, and stock returns. Technical report. Available at http://ssrn.com/abstract=1340605.

[63] Chen, N., Ross, S. A., 1986. Economic forces and the stock market. *Journal of Business* 59 (3): 383 – 403.

[64] Chincarini, L. B., Kim, D., 2006. Quantitative equity portfolio management: an active approach to portfolio construction and management. McGraw – Hill, New York.

[65] Chiriac R, Voev V., 2011. Modelling and forecasting multivariate realized volatility. *Journal of Applied Econometrics* 26: 922 – 947.

[66] Chordia, T., Subrahmanyam, A., Anshuman, V. R., 2001. Trading activity and expected stock returns. *Journal of Financial Economics* 59 (1): 3 – 32.

[67] Christensen, K., Kinnebrock S., Podolskij M., 2010. Pre-averaging estimators of the ex-post covariance matrix in noisy diffusion models with non-synchronous data. *Journal of Econometrics* 159: 116 – 133.

[68] Connor, G., Hagmann, M., Linton, O., 2012. Efficient semiparametric estimation of the fama-french model and extensions. *Econometrica* 80 (2): 713 – 754.

[69] Connor, G., Korajczyk, R. A., 1986. Performance measurement with the arbitrage pricing theory: a new framework for analysis. *Journal of Financial Economics* 15: 373 – 394.

[70] Connor, G., Korajczyk, R. A., 1988. Risk and return in an equilibrium apt: application of a new test methodology. *Journal of Financial Economics* 21: 255 – 289.

[71] Connor, G., Linton, O., 2000. Semiparametric estimation of a characteristic-based factor model of common stock returns. *SSRN Electronic Journal* 14 (5): 694 – 717.

[72] Cooper, M. J., Gulen, H., Schill, M. J., 2008. Asset growth and the cross-section of stock returns. *Journal of Finance* 63 (4): 1609 – 1651.

[73] Daniel, K., Titman, S., 2006. Market reactions to tangible and intangible information. *Journal of Finance* 61 (4): 1605 – 1643.

[74] Datar, V. T., Naik, N. Y., Radcliffe, R., 1998. Liquidity and stock returns: An alternative test. *Journal of Financial Markets* 1 (2): 203 – 219.

[75] Davis, J. L., Fama, E. F., French, K. R., 2000. Characteristics, covariances, and average returns: 1929 to 1997. *Journal of Finance* 55 (1): 389 – 406.

[76] De Nard, G., Ledoit, O., Wolf, M., 2019. Factor models for portfolio selection in large dimensions: The good, the better and the ugly. *Journal of Financial Econometrics*. Forthcoming.

[77] Ding, Z., Granger, C. W. J., Engle R. F., 1993. A long memory property of stock market returns and a new model. *Journal of Empirical Finance* 1: 83 – 106.

[78] Doz, C., Giannone, D., Reichlin, L., 2012. A quasi-maximum likelihood approach for large, approximate dynamic factor models. *Review of Economics and Statistics* 94: 1014 – 1024.

[79] Eberhart, A. C., Maxwell, W. F., Siddique, A. R., 2004. An examination of long-term abnormal stock returns and operating performance following R&D increases. *Journal of Finance* 59 (2): 623 – 650.

[80] Efron, B., 2010. Correlated z-values and the accuracy of large-scale statistical estimates. *Journal of the American Statistical Association* 105: 1042 – 1055.

[81] Engle, R. F, Shephard, N., Sheppard, K., 2008. Fitting and

testing vast dimensional time-varying covariance models. *Social Science Electronic Publishing*.

[82] Engle, R. F., 1982. Autoregressive conditional heteroskedasticity with estimates of the variance of United Kingdom inflation. *Econometrica* 50: 987 – 1007.

[83] Engle, R. F., 2002. Dynamic conditional correlation: A simple class of multivariate generalized autoregressive conditional heteroskedasticity models, *Journal of Business & Economic Statistics* 20 (3): 339 – 350.

[84] Engle, R. F., Bollerslev, T., 1986. Modeling the persistence of conditional variances. *Econometric Reviews* 5 (1): 1 – 50.

[85] Engle, R. F., Kelly, B., 2012. Dynamic equicorrelation. Journal of Business & *Economic Statistics* 30 (2): 212 – 228.

[86] Engle, R. F., Kroner, K. F., 1995. Multivariate simultaneous generalized ARCH. *Econometric theory* 11 (1): 122 – 150.

[87] Engle, R. F., Ledoit, O., Wolf, M., 2019. Large Dynamic Covariance Matrices. Social Science Electronic Publishing. *Journal of Business & Economic Statistics* 37 (2): 363 – 375.

[88] Engle, R. F., Mezrich, J., 1996. GARCH for groups: a round-up of recent developments in GARCH techniques for estimating correlation, Risk: Managing Risk in the World's Financial Markets 9 (8): 36 – 40.

[89] Engle, R. F., Ng, V. K., Rothschild, M., 1990. Asset pricing with a factor – ARCH covariance structure: empirical estimates for treasury bills. *Journal of Econometrics* 45: 213 – 238.

[90] Engle, R. F., Sheppard, K., 2001. *Theoretical and Empirical properties of Dynamic Conditional Correlation Multivariate GARCH*. Working Paper 2001 – 15, University of California at San Diego.

[91] Epps, T. W., 1979. Comovements in stock prices in the very short run. *Journal of the American Statistical Association* 74: 291 – 296.

[92] Fama, E. F., French, K. R., 1993. Common risk factors in the returns on stocks and bonds. *Journal of Financial Economics* 33 (93): 3 – 56.

[93] Fama, E. F., French, K. R., 1996. Multifactor explanations of as-

set pricing anomalies. *Journal of Finance* 51 (1): 55 - 84.

[94] Fan J., Kim, D., 2018. Robust High-dimensional Volatility Matrix Estimation for High - Frequency Factor Model. *Journal of the American Statistical Association* 113 (523): 1268 - 1283.

[95] Fan, J., Fan, Y., Lv, J., 2008. High dimensional covariance matrix estimation using a factor model. *Journal of Econometrics* 147: 186 - 197.

[96] Fan, J., Furger, A., Xiu D., 2016. Incorporating global industrial classification standard into portfolio allocation: A simple factor-based large covariance matrix estimator with high frequency data. *Journal of Business & Economic Statistics* 34: 489 - 503.

[97] Fan, J., Li, R., 2001. Variable selection via nonconvave penalized likelihood and its oracle properties. *Journal of the American Statistical Association* 96 (456): 1348 - 1360.

[98] Fan, J., Li, Y., Yu, K., 2012a. Vast volatility matrix estimation using high-frequency data for portfolio selection. *Journal of the American Statistical Association* 107: 412 - 428.

[99] Fan, J., Liao, Y., Liu, H., 2016a. An overview of the estimation of large covariance and precision matrices. *The Econometrics Journal* 19 (1): 415 - 418.

[100] Fan, J., Liao, Y., Liu, H., 2016b. Projected principal component analysis in factor models. *The Annals of Statististics* 1 (44): 219 - 254.

[101] Fan, J., Liao, Y., Mincheva, M., 2011. High dimensional covariance matrix estimation in approximate factor models. *Annals of Statistics* 39: 3320 - 3356.

[102] Fan, J., Liao, Y., Mincheva, M., 2013. Large covariance estimation by thresholding principal orthogonal complements (with discussion). *Journal of the Royal Statistical Society Series* B 75: 603 - 680.

[103] Fan, J., Zhang, J., Yu, K., 2012b. Vast portfolio selection with gross-exposure constraints. *Journal of the American Statistical Association* 107: 592 - 606.

[104] Fisher, L., 1966. Some new stock-market indexes. *Journal of Business* 39: 191 -225.

[105] Foster, G., Olsen, C., Shevlin, T., 1984. Earnings releases, anomalies, and the behavior of security returns. *Accounting Review*, 59 (4): 574 -603.

[106] Frahm, G., Memmel, C., 2010. Dominating estimators for minimum-variance portfolios. *Journal of Econometrics* 159: 289 -302.

[107] Gao, X., Ritter, J. R., 2010. The marketing of seasoned equity offerings. *Journal of Financial Economics* 97 (1): 33 -52.

[108] Gettleman, E., Marks, J. M., 2006. *Acceleration strategies*. SSRN Working Paper Series.

[109] Green, J., Hand, J. R. M., Zhang, X. F., 2013. The supraview of return predictive signals. *Review of Accounting Studies* 18: 692 -730.

[110] Green, J., Hand, J. R. M., Zhang, X. F., 2014. The remarkable multidimensionality in the cross-section of expected us stock returns. Available at SSRN 2262374.

[111] Gu, L., Wang, Z., Ye, J., 2009. *Information in order backlog: change versus level.* Working paper Citeseer.

[112] Hafner, C. M., Reznikova, O., 2012. On the estimation of dynamic conditional correlation models. *Computational Statistics & Data Analysis* 56 (11): 3533 -3545.

[113] Hafzalla, N., Lundholm, R., Matthew VanWinkle, E., 2011. Percent accruals. Accounting Review 86 (1): 209 -236.

[114] Hallin, M., Liska, R., 2007. Determining the number of factors in the general dynamic factor model. *Journal of the American Statistical Association* 102: 603 -617.

[115] Haugen, R. A., Baker, N. L., 1991. The efficient market inefficiency of capitalization weighted stock portfolios. *The Journal of Portfolio Management* 17 (3): 35 -40.

[116] Haugen, R. A., Baker, N. L., 1996. Commonality in the determi-

nants of expected stock returns. *Journal of Financial Economics* 41 (3): 401 -439.

[117] Hayashi, T., Yoshida, N., 2005. On covariance estimation of non-synchronously observed diffusion processes. *Bernoulli* 11: 359 -379.

[118] Hayashi, T., Yoshida, N., 2008. Asymptotic normality of a covariance estimator for nonsynchronously observed diffusion processes. *Annals of the Institute of Statistical Mathematics* 60 (2): 367 -406.

[119] Hirshleifer, D., Hou, K., Teoh, S. H., Zhang, Y., 2004. Do investors overvalue firms with bloated balance sheets? *Journal of Accounting and Economics* 38: 297 -331.

[120] Hoshikawa, T., Kanatani, T., Nagai, K., Nishiyama, Y., 2008. Nonparametric methods of integrated multivariate volatilities. *Econometric Reviews* 27: 112 -138.

[121] Hou, K., Xue, C., Zhang, L., 2015. Digesting anomalies: an investment approach. *Review of Financial Studies* 28 (3): 650 -705.

[122] Houge, T., Loughran, T., 2000. Cash flow is king? Cognitive errors by investors. *Journal of Psychology and Financial Markets* 1 (3 -4): 161 -175.

[123] Huang, A. G., 2009. The cross section of cashflow volatility and expected stock returns. *Journal of Empirical Finance* 16 (3): 409 -429.

[124] Jacod, J., Li, Y., Mykland, P. A., Podolskij, M., Vetter, M., 2009. Microstructure noise in the continuous case: the pre-averaging approach. *Stochastic Processes and their Applications* 119 (7): 2249 -2276.

[125] Jagannathan, R., Ma, T., 2003. Risk reduction in large portfolios: Why imposing the wrong constraints helps. *Journal of Finance* 54 (4): 1651 -1684.

[126] Jegadeesh, N., Titman, S., 1993. Returns to buying winners and selling losers: Implications for stock market efficiency. *Journal of Finance* 48 (1): 65 -91.

[127] Kim, D., Fan, J., 2019. Factor GARCH - Itô models for high-frequency data with application to large volatility matrix prediction. *Journal of Econometrics* 208: 395 -417.

[128] Lakonishok, J., Shleifer, A., Vishny, R. W., 1994. Contrarian investment, extrapolation, and risk. *Journal of Finance* 49 (5): 1541 – 1578.

[129] Ledoit, O., Péché, S., 2011. Eigenvectors of some large sample covariance matrix ensembles. *Probability Theory and Related Fields* 150 (1 – 2): 233 – 264.

[130] Ledoit, O., Péché, S., 2011. Eigenvectors of some large sample covariance matrix ensembles. *Probability Theory and Related Fields* 150: 233 – 264.

[131] Ledoit, O., Santa – Clara, P., Wolf, M., 2003. Flexible multivariate GARCH modeling with an application to international stock markets. *Review of Economics and Statistics* 85 (3): 735 – 747.

[132] Ledoit, O., Wolf, M., 2003. Improved estimation of the covariance matrix of stock returns with an application to portfolio selection. *Journal of Empirical Finance* 10 (5): 603 – 621.

[133] Ledoit, O., Wolf, M., 2004a. A well-conditioned estimator for large-dimensional covariance matrices. *Journal of Multivariate Analysis* 88 (2): 365 – 411.

[134] Ledoit, O., Wolf, M., 2004b. Honey, I shrunk the sample covariance matrix. *Journal of Portfolio Management* 30 (4): 110 – 119.

[135] Ledoit, O., Wolf, M., 2012. Nonlinear shrinkage estimation of large-dimensional covariance matrices. *The Annals of Statistics* 40 (2): 1024 – 1060.

[136] Ledoit, O., Wolf, M., 2015. Spectrum estimation: A unified framework for covariance matrix estimation and PCA in large dimensions. *Journal of Multivariate Analysis* 139: 360 – 384.

[137] Ledoit, O., Wolf, M., 2017. Nonlinear shrinkage of the covariance matrix for portfolio selection: Markowitz meets Goldilocks. *Review of Financial Studies* 30 (12): 4349 – 4388.

[138] Ledoit, O., Wolf, M., 2018. Optimal estimation of a large-dimensional covariance matrix under Stein's loss. *Bernoulli* 24 (4B): 3791 – 3832.

[139] Ledoit, O., Wolf, M., Zhao, Z., 2019. Efficient sorting: A more powerful test for cross-sectional anomalies. *Journal of Financial Economet-*

rics. Forthcoming.

[140] Lerman, A., Livnat, J., Mendenhall, R. R., 2008. The high-volume return premium and post-earnings announcement drift. Available at SSRN 1122463.

[141] Li, D., 2011. Financial constraints, R&D investment, and stock returns. *Review of Financial Studies* 24 (9): 2974 -3007.

[142] Lintner J., 1965. Security prices, risk, and maximal gains from diversification. *Journal of Finance* 20 (4): 587 -615.

[143] Lintner, J., 1975. The valuation of risk assets and the selection of risky investments in stock portfolios and capital budgets. *Stochastic Optimization Models in Finance* 1 (47): 131 -155.

[144] Litzenberger, R. H., Ramaswamy, K., 1979. The effect of personal taxes and dividends on capital asset prices: theory and empirical evidence. *Journal of Financial Economics* 7 (2): 163 -195.

[145] Liu C., Xia N., Yu J., 2016. *Shrinkage estimation of covariance matrix for portfolio choice with high frequency data*. Economics & Statistics Working Papers.

[146] Lyandres, E., Sun, L., Zhang, L., 2008. The new issues puzzle: testing the investmentbased explanation. *Review of Financial Studies* 21 (6): 2825 -2855.

[147] Marčenko, V. A., Pastur, L. A., 1967. Distribution of eigenvalues for some sets of random matrices. *Sbornik: Mathematics* 1 (1): 507 -536.

[148] Markowitz, H., 1952. Portfolio selection. *Journal of Finance* 7: 77 -91.

[149] McLean, R. D., Pontiff, J., 2016. Does academic research destroy stock return predictability? *Journal of Finance* 71 (1): 5 -32.

[150] Nelson, D. B., 1991. Conditional heteroskedasticity in asset returns: a new approach. *Econometrica* 59: 349 -370.

[151] Nielsen, F., Aylursubramanian, R., 2008. Far from the madding crowd - Volatility efficient indices. *Research insights*, MSCI Barra.

[152] Noureldin, D., Shephard, N., Sheppard, K., 2012. Multivariate high-frequency-based volatility (HEAVY) models. *Journal of Applied Econometrics* 27 (6): 907 – 933.

[153] Novy – Marx, R., 2010. The other side of value: good growth and the gross profitability premium. Technical Report, National Bureau of Economic Research.

[154] Novy – Marx, R., 2011. Operating leverage. *Review of Finance* 15 (1): 103 – 134.

[155] Ohlson, J. A., 1981. Financial ratios and the probabilistic prediction of bankruptcy. *Journal of Accounting Research* 18 (1): 109 – 131.

[156] Onatski, A., 2009. Testing hypotheses about the number of factors in large factor models. *Econometrica* 77: 1447 – 1479.

[157] Onatski, A., 2010. Determining the number of factors from empirical distribution of eigenvalues. *Review of Economics and Statistics* 92 (4): 1004 – 1016.

[158] Pakel, C., Shephard, N., Sheppard, K., Engle, R. F., 2017. *Fitting vast dimensional time-varying covariance models*. Working Paper FIN – 08 – 009, NYU.

[159] Piotroski, J. D., 2001. Value investing: The use of historical financial statement information to separate winners from losers. *Journal of Accounting Research* 38 (2): 1 – 41.

[160] Podolskij, M., Vetter, M., 2009. Estimation of volatility functionals in the simultaneous presence of microstructure noise and jumps. *Bernoulli* 15 (3): 634 – 658.

[161] Pontiff, J., Woodgate, A., 2008. Share issuance and cross-sectional returns. *Journal of Finance* 63 (2): 921 – 945.

[162] Prakash, R., Sinha, N., 2013. Deferred revenues and the matching of revenues and expenses. *Contemporary Accounting Research* 30 (2): 517 – 548.

[163] Richardson, S. A., Sloan, R. G., Soliman, M. T., Tuna, I., 2005. Accrual reliability, earnings persistence and stock prices. *Journal of Accounting and Economics* 39 (3): 437 – 485.

[164] Rosenberg, B., Reid, K., Lanstein, R., 1985. Persuasive evidence of market inefficiency. *Journal of Portfolio Management* 11 (3): 9 – 16.

[165] Ross, S. A., 2013. The arbitrage theory of asset pricing. *In Handbook of the fundamentals of financial decision making*: Part Ⅰ (pp. 11 – 30).

[166] Scott, A., Sloan, R., Soliman, M., Tuna, I., 2005. Accrual reliability, earnings persistence and stock returns. *Journal of Accounting Research* 39: 437 – 485.

[167] Sentana, E., 1995. Quadratic ARCH models. *Review of Economic Studies* 62: 639 – 661.

[168] Sentana, E., 2009. The econometrics of mean-variance efficiency tests: a survey. *The Econometrics Journal* 12: 65 – 101.

[169] Sharpe, W. F., 1963. A simplified model for portfolio analysis. *Management Science* 9 (2): 277 – 293.

[170] Sharpe, W. F., 1964. Capital asset prices: A theory of market equilibrium under conditions of risk. *Journal of Finance* 19 (3): 425 – 442.

[171] Shephard, N., Sheppard, K., 2010. Realising the future: forecasting with high-frequency-based volatility (HEAVY) models. *Journal of Applied Econometrics* 25: 197 – 231.

[172] Sheppard, K., Xu, W., 2014. *Factor High – Frequency Based Volatility (HEAVY) Models*. Working Paper.

[173] Silverstein, J. W., 1995. Strong convergence of the empirical distribution of eigenvalues of large-dimensional random matrices. *Journal of Multivariate Analysis* 55: 331 – 339.

[174] Silverstein, J. W., Bai, Z. D., 1995. On the empirical distribution of eigenvalues of a class of large-dimensional random matrices. *Journal of Multivariate Analysis* 54: 175 – 192.

[175] Silverstein, J. W., Choi, S. I., 1995. Analysis of the limiting spectral distribution of large-dimensional random matrices. *Journal of Multivariate Analysis* 54: 295 – 309.

[176] Sloan, R., 1996. Do stock prices fully reflect information in accruals

and cash flows about future earnings?. *Accounting Review* 71 (3): 289 – 315.

[177] Soliman, M. T., 2008. The use of dupont analysis by market participants. *Accounting Review* 83 (3): 823 – 853.

[178] Stein, C., 1956. Inadmissibility of the usual estimator for the mean of a multivariate normal distribution. Stanford University Stanford United States.

[179] Stein, C., 1986. Lectures on the theory of estimation of many parameters. *Journal of Mathematical Sciences* 34 (1): 1373 – 1403.

[180] Stock, J. H., Watson, M. W., 2002. Macroeconomic forecasting using diffusion indexes. *Journal of Business & Economic Statistics* 20: 147 – 162.

[181] Subrahmanyam, A., 2010. The cross-section of expected stock returns: What have we learnt from the past twenty-five years of research? *European Financial Management* 16 (1): 27 – 42.

[182] Tao, M., Wang, Y., Zhou, H., et al., 2013. Optimal sparse volatility matrix estimation for high-dimensional itô processes with measurement errors. *Annals of Statistics* 41: 1816 – 1864.

[183] Thomas, J., Zhang, F. X., 2011. Tax expense momentum. *Journal of Accounting Research* 49 (3): 791 – 821.

[184] Thomas, J. K., Zhang, H., 2002. Inventory changes and future returns. *Review of Accounting Studies* 7 (2 – 3): 163 – 187.

[185] Titman, S., Wei, K. J., Xie, F., 2004. Capital investments and stock returns. *Journal of Financial and Quantitative Analysis* 39 (4): 677 – 700.

[186] Voev, V., Lunde, A., 2007. Integrated covarianceestimation using high-frequency data in the presence of noise. *Journal of Financial Econometrics* 5: 68 – 104.

[187] Wang, Y., Zou, J., 2010. Vast volatility matrix estimation for high-frequency financial data. *Annals of Statistics* 38: 943 – 978.

[188] Xing, Y., 2008. Interpreting the value effect through the q-theory: An empirical investigation. *Review of Financial Studies* 21 (4): 1767 – 1795.

[189] Zhang, C. H., 2010. Nearly unbiased variable selection under minimax concave penalty. *Annals of Statistics* 38 (2): 894 – 942.

[190] Zhang, K., Chan, L., 2009. Efficient factor GARCH models and factor - DCC models. *Quantitative Finance* 9 (1): 71 - 91.

[191] Zhang, L., 2006. Estimating Covariation: Epps Effect, Microstructure Noise. *Journal of Econometrics* 160: 33 - 47.

[192] Zhang, L., Mykland, P. A., Aït - Sahalia, Y., 2005. A tale of two time scales: Determining integrated volatility with noisy high-frequency data. *Journal of the American Statistical Association* 100: 1394 - 1411.

[193] Zheng, X., Li, Y., 2011. On the estimation of integrated covariance matrices of high dimensional diffusion process. *The Annals of Statistics* 39: 3121 - 3151.